Das Gesetz der Anziehung in einfacher Anwendung

Wunscherfüllung - gewusst wie.

Von Esmiralda

Buchbeschreibung:

Dieses Buch liefert eine Schritt für Schritt Anleitung, wie auch du dieses Gesetz der Anziehung verstehst und anwenden kannst. Selbst wenn du bereits viel zu diesem Thema gelesen hast und mit Zweifeln nach Lösungen gesucht hast, wird dir dieser Ratgeber zeigen, was bisher schief gelaufen ist.

Das Buch richtet sich vor allem an die Menschen, die bereits einiges unternommen haben aber das Gesetz der Anziehung, bisher nicht funktionierte. Das Buch hat sich zur Aufgabe gemacht, genau diese Fehlerquellen zu finden und brauchbare Umsetzungen genau zu beschreiben.

Die Kraft des Gesetzes der Anziehung steht jedem zur Verfügung! Dennoch scheitern viele Menschen und glauben nicht mehr an ihr Glück. Glück ist ein Lebensanrecht und dieses Buch wird dir helfen zu erkennen, wie individuell das Gesetz angewendet werden muss. Es zeigt dir, warum viele Ratgeber nicht funktioniert haben und wie auch du deine Ziele erreichen kannst

Das Gesetz der Anziehung in einfacher Anwendung

So funktioniert es auch bei dir

Von Esmiralda

1. Auflage,

© 2021 Esmiralda, Alle Rechte vorbehalten.

Herstellung und Verlag: BoD – Books on Demand,
Norderstedt
ISBN: 9783754342893

Das Gesetz der Anziehung

Erlernbare Strategien für jede Frau und jeden Mann, um sein Schicksal selber in die Hand zu nehmen.

Auch für dich!

1. Vorwort

Das Gesetz der Anziehung: Was du denkst, bewegt deinen Geist in eine bestimmte Richtung. Du kannst dein Schicksal lenken und mitbestimmen, wenn du das verstanden hast und lernst, wie du deine Gedanken für dich anwenden und nutzen kannst.

Stell dir vor, dass du wirklich die Macht hättest, aus einer unerschöpflichen Quelle zu schöpfen und alles zu bestimmen, was dein Leben betrifft. Wie fühlt sich das an? Hast du einmal darüber nachgedacht, was du tun würdest, wenn es in deiner Macht liegt über die Gesetze der Natur zu bestimmen? Du könntest beeinflussen, wie warm es wird, ob es regnet oder schneit, ob es stürmt oder ein lauer Wind weht. Was würdest du tun, wenn du all diese Macht hättest? Werst du ein Mensch, der besonnen mit seinen

Kräften umgeht oder jemand, der ausprobieren würde, wie weit er gehen kann?

Würdest du deine Möglichkeiten nutzen, um anderen Menschen etwas Gutes zu tun, vielleicht sogar diesem Planeten und wären dir deine eigenen Interessen erst einmal wichtiger? Dies ist keine moralische Frage, die du dir beantworten sollst, sondern eine Überlegung über dich selber, wie du funktionierst.

Vielleicht ist es ein Glück, dass wir Menschen nicht über solche enormen Kräfte verfügen. Die Natur alleine hat die Macht die Planetensysteme nach ihren eigenen Regeln und Entwürfen zu kontrollieren. Deine erste Erkenntnis wäre demnach, dass du niemals eine vollständige Kontrolle über deine Umgebung, in der du lebst, haben wirst.

Was wäre jedoch, wenn du lernen könntest, wie du den Verlauf deines eigenen Lebens bestimmen könntest? Wenn du neue Strategien gezeigt bekommst, wie du mit der Kraft deines Geistes Dinge vollbringen kannst, wie du es dir schon immer gewünscht hast. Wie wär es diese Vorstellungen endlich umzusetzen?

Du kannst lernen, mit der Kraft deiner Psyche den Verlauf deines Lebensweges zu bestimmen. Du bist keine Marionette deines Lebens. Du kannst zwar nicht ändern, in welche Familie du geboren wirst, ob du gute oder schlechte Grundlagen zum Lebensstart mitbekommen hast aber du kannst lernen, wie du dir deine Träume und Wünsche umsetzen kannst. Mit allem, was bereits da ist!

Ich weiß, dass sich das für viele Menschen utopisch anhört und jeder sich mit diesem Thema beschäftigt, hat mit Sicherheit schon einige gescheiterte Versuche hinter sich, ich auch, denn nicht jede Methode ist für jeden geeignet. Ich möchte dir in diesem Buch aufzeigen, was für mich funktioniert hat. Fakt ist, dass du nichts verlieren kannst. Was wäre wenn, dieser Versuch gelingen würde? Jeder Mensch hat in sich eine Kraft, sein Leben neu zu gestalten. Der richtige Knopf ist das entscheidende, die Dinge in Gang zu setzen. Du kannst mit der richtigen Anwendung, deine Ziele im Leben erreichen. Dies ist auf alle Fälle einen neuen Versuch wert.

Das „Gesetz der Anziehung" ist für uns alle gemacht, nur sind die Wege doch manchmal verschieden, um an das gewünschte Ziel zu kommen.

Viele Theoretiker glauben, dass das Universum von einer Reihe universeller Gesetze regiert wird. Daraus resultiert oft der Glaube, dass diese Gesetze nicht geändert werden, können, nicht gebrochen werden dürfen und für jeden einzelnen Menschen gelten, unabhängig von Alter oder Nationalität. Diese Gesetze sind wie das Ufer eines Flusses, die den Fluss deines

Lebens auf seiner Reise zu seinem endgültigen Ende leiten. Aber du hast die Macht, diesen Fluss des Lebens zu beeinflussen und ihm deine gewünschte Richtung zu geben.

Das Gesetz der Anziehung besagt, dass jeder sein Schicksal durch die Kraft des eigenen Geistes bestimmen kann. Auch du und das unabhängig davon, wie oft deine Versuche bisher gescheitert sind. Du brauchst nur die richtige Methode, um deinen Fluss des Lebens zu steuern.

Das Gesetz der Anziehung zieht alles an, was du brauchst. Es sind deine Gedanken, die deine Wünsche malen. Es ist deine Umgebung, die du anpasst und verändern kannst und es ist deine finanzielle Situation, die sich von dir verändern lässt. Du bist das perfekte Spiegelbild deines Denkens. Es ist wichtig, dass du dir das bewusst machst, und beginnst bewusst zu denken. Erwarte keinen Prozess, der von heute auf morgen funktioniert. Das ist ein Prozess, der seine Zeit braucht. Jahrelanges falsches Denken kannst du dir nicht mit einem Fingerschnitt abtrainieren. Es braucht seine Zeit. Es ist wie mit schlechten Gewohnheiten. Es ist schwer, sich diese abzugewöhnen, und du fällst immer wieder in die bekannten alten Strukturen zurück, bis du es endlich geschafft hast dich davon zu befreien.

Wenn du in deinem Leben schwere Zeiten durchmachst, ist es sehr wichtig, dass du dich mit dem Begriff „Gesetz der Anziehung" vertraut machst. Das Gesetz der Anziehung besagt, dass du grundsätzlich für alle Umstände in deinem Leben verantwortlich bist, ob gut oder schlecht. Du alleine ziehst alles in dein Leben, was existiert. Du hast die Macht, positive Umstände in deinem Leben zu schaffen, du musst nur wissen, wie du dir die „Kraft" des Gesetzes der Anziehung zunutze machen kannst.

Das Gesetz der Anziehung hat mit jedem Teil deines Wesens zu tun. Würdest du mir glauben, wenn ich dir sagen würde, dass es für dich möglich ist, alle deine Träume zu verwirklichen und im Leben wirklich glücklich zu sein? Nun, es ist wahr und es ist viel einfacher, als du wahrscheinlich denkst. Alles, was du tun musst, ist zu glauben und dem Universum zu vertrauen und die „Kraft" des Gesetzes der Anziehung zu nutzen, und du wirst für deine Bemühungen belohnt werden.

Es ist wichtig, sich daran zu erinnern, dass der Wandel mit Sicherheit nicht über Nacht kommen wird. Es wird wahrscheinlich eine Weile dauern, bis die volle Wirkung des Gesetzes der Anziehung eintritt. Vom ersten Moment an, in dem du das Gesetz der Anziehung verstehst und es richtig anwendest, wird dein Leben beginnen, sich zusammenzufügen. Die Teile werden sich besser zusammenfügen und alles wird mehr Sinn ergeben.

Dieses Buches wird dir helfen, es besser zu verstehen.

2. Die Geschichte des Gesetzes der Anziehung

In den letzten Jahrzehnten wurde viel über die Macht des positiven Denkens, das Gesetz der Anziehung und andere ähnliche Themen gesprochen. Können sie einem wirklich helfen, alles zu erreichen, was man sich im Leben wünscht? Gibt es eine magische, mystische Kraft, die uns helfen kann, unsere Träume und Wünsche zu verwirklichen?

In diesem Bericht werde ich mich bemühen die Wahrheit über diese beliebten Themen aufdecken. Du wirst erfahren, ob sie wirklich funktionieren, und wenn ja, wie du sie nutzen kannst, um deine Träume zu manifestieren.

Du wirst auch erfahren, welche Arten von Menschen von diesen Techniken profitieren können und welche wahrscheinlich keine große Hilfe finden werden. Du wirst sogar lernen, wie du deine Einstellung ändern kannst, falls du nicht zu den Menschen gehörst, denen typischerweise immer geholfen wird!

Versuchen Sie, bei der Lektüre dieses Berichts einen offenen Geist zu bewahren. Das ist vor allem der Schlüssel zu allem, was du gleich lesen wirst.

Fangen wir also an!

Bevor wir intensiver in die Anwendungen des Gesetzes der Anziehung einsteigen, ist es wichtig, dass du verstehst, dass dies nicht einfach nur New-Age-Unsinn ist (die meisten Beschreibungen des Gesetzes der Anziehung bezeichnen es als Produkt einer New-Age-Mentalität). Die Prinzipien des Gesetzes der Anziehung reichen weit über die neu entdeckte Popularität des New Age hinaus. Es ist wichtig, das Gesetz der Anziehung wirklich zu verstehen, da die Chance sonst groß ist wieder zu scheitern. Man kann sich nur schlecht mit etwas vertraut machen, hinter dem man nicht zu 100 % steht. Nur wenn du für etwas brennst und davon überzeugt bist, wird es dir auch gelingen können.

Der unsterbliche Buddha war tatsächlich einer der Ersten, der den Menschen in das Gesetz der Anziehung einführte. Er sagte: „Was du geworden bist, ist das, was du gedacht hast." Dieses Prinzip war den Völkern des Ostens seit Jahrhunderten bekannt, bevor es in die westliche Hemisphäre Einzug hielt.

Auch das Prinzip des Karma hat seine Wurzeln aus dem Gesetz der Anziehung gezogen. Karma besagt, dass alles, was du an Energien aussendest, gleich, ob positiv oder negativ, wieder zu dir zurückkommt. Kurz gesagt: Alles, was du aussendest, kommt auch wieder zu dir zurück. Wenn du deinen Mitmenschen mit Freundlichkeit und Mitgefühl begegnest, wirst du auch die gleichen Aufmerksamkeiten empfangen können. Wenn du absichtlich andere Menschen verletzt und nur an deinen eigenen Vorteil denkst, wirst du auch nur negative Impulse empfangen können.

Menschen, die in der Tiefe ihres Herzens einen liebevollen Kern haben, werden es immer leichter im Leben haben. Was du aussendest, kommt irgendwann zu dir zurück.

Deine Handlungen und Gedanken verwandeln sich in physische Gegebenheiten. Das Universum reagiert nur auf die Weise, wie es das Gleichgewicht herstellen muss.

Das Gesetz der Anziehung wurde erst im 19. Jahrhundert bei uns bekannt. Die Menschen begannen zu verstehen, dass die Kraft des positiven Denkens eine enorme Energie freisetzen kann.

Dieses neue Konzept wurde erstmals der breiten Öffentlichkeit von William Walker Atkinson, dem Herausgeber des Magazins New Thought, vorgestellt, der 1906 ein Buch mit dem Titel Thought Vibration or the Law of Attraction in the Thought World veröffentlichte.

Wie du sehen kannst, ist das Gesetz der Anziehung nicht neu. Das Konzept, dass das Denken einen vorherrschenden Einfluss auf das Schicksal eines Menschen haben kann, wurde von klugen Menschen im Laufe der Jahrhunderte immer wieder gelehrt und hat eine ganz neue Ära des Glaubens hervorgebracht.

Übung:

Wenn du zu Hause sitzt und versuchst, zu entscheiden, wie du Abend verbringen solltest, stelle die Frage deinem Herz und deiner Seele. Beobachte, wie sich bestimmte Optionen hartherzig und leer anfühlen, während andere Ideen ein Kribbeln der Brust hervorrufen, wenn du darüber nachdenkst.

Lasse dein Herz und deine Seele dir helfen, den richtigen Kurs in deinem Leben zu entdecken. Beachte, dass das Wort Mut in dem Wort Ermutigung steckt. Sobald wir unsere Gedanken mit Herz und Seele identifizieren, fühlen wir uns ermutigt, loszulegen.

Vielleicht wirst du dann, anstatt fernzusehen, dazu angeregt, etwas zu lesen, das dir guttut. Vielleicht wirst du, anstatt PC-Spiele zu spielen, dazu angeregt, mit deinem Partner ein ausführliches Gespräch über die Zukunft eurer Liebe und eures Lebens zu führen. Und vielleicht wirst du gestärkt, statt einfach nur die Abläufe in deinem Job durchzugehen, dich selbst zu drängen, deinen „nützlichsten Beitrag" zu leisten, den du in der Lage bist. Die Herz-zentrierte Option führt dich auf den Kurs der bewussten Entwicklung.

Diese Frage stelle ich mir häufig, wenn ich mich entscheide, welche Inhalte ich als Nächstes schreiben soll. Aufgrund des unaufhörlichen Zustroms von Vorschlägen von Rezensenten sowie meiner eigenen Entwicklungsexperimente habe ich nie ein Defizit an Ideen, aber es kann zermürbend sein, ein Thema auszuwählen, da es so viele großartige Themen gibt, über die man nachdenken kann. Ich halt dann inne und frage nach: Wo ist die Idee mit meinem Herz und meiner Seele? Das richtige Thema ist meist schnell gefunden. Es ist das Thema, das mir ein bisschen Angst macht, das, bei dem ich nicht sicher bin, ob ich gut darüber schreiben kann, das, das meine Seele anregt. Bei den Gelegenheiten, bei denen das Thema nicht sauber bearbeitet wird, liegt es daran, dass das Herz dazu aufruft, etwas zu tun; was im Vorfeld anders geplant war. Ich lass mich „führen" auch wenn es mir oft etwas holprig vorkommt.

Hänge deinen Herzenswunsch an einer Stelle auf, an der du ihn Tag für Tag sehen kannst, oder stelle dir ein Bild mit einem Hinweis als Bildschirmschoner deines PCs ein, damit du häufig daran erinnert wirst. Wichtig ist, dass es immer präsent ist, bis sich dein Wunsch erfüllt hat.

Wenn du eine Frage stellst, die wichtig für dich ist, bringe dein System aus Logik und Intuition in Einklang. Dies wird dir helfen, schneller zu Lösungen zu finden.

3. Die Grund-Regeln des Gesetzes der Anziehung

Es gibt einige grundlegende Prinzipien, die man verstehen muss, wenn man über das Gesetz der Anziehung spricht. Im Grunde genommen wird, wie bereits erwähnt, alles, was in Ihrem Leben geschieht, von dir angezogen. Es ist wichtig, dass du das verstehst und die Verantwortung für die Tatsache übernimmst, dass alles, was in deinem Leben geschieht, eine direkte Auswirkung deiner Entscheidungen oder Gedanken ist.

Eine gute Möglichkeit, das Gesetz der Anziehung zu verstehen, ist, sich selbst als einen großen Magneten vorzustellen. Alles andere auf der Welt sind Objekte, die von dem Magneten angezogen werden. Es ist wichtig, dass du weißt, von welchen Objekten du dich fernhalten solltest und welche Gedanken du versuchen solltest, aus deinem Kopf fernzuhalten. Selbst wenn du einen Gedanken nicht aussprichst, kann er dennoch bestimmte Dinge in dein Leben ziehen. Es ist wichtig, dass du lernst, dein Gehirn zu trainieren und dein Bestes tust, um nicht negativ zu denken.

Das Gesetz der Anziehung kann in deinem Leben wahre Wunder bewirken. Man muss es nur richtig verstehen und richtig anwenden. Eine wichtige Sache, an die man sich erinnern sollte, ist die Tatsache, dass das Gesetz der Anziehung immer noch existiert und immer wirkt, auch wenn es negativ ist, selbst wenn man es nicht zu seinem Vorteil nutzt. Du kannst es also genauso gut nutzen und das wahre Potenzial seiner Macht ausschöpfen.

Die Theorie hinter dem Gesetz der Anziehung ist der Glaube, dass Energie sich in der weiten Ausdehnung von Raum und Zeit, die unser Universum umfasst, wie Energie anzieht. Das Wesen jedes Menschen strahlt ständig Energie in den Weltraum aus; die Art der ausgestrahlten Energie wird durch den emotionalen Zustand des jeweiligen Individuums bestimmt und kann von Tag zu Tag unterschiedlich sein – manchmal sogar von Stunde zu Stunde!

Diese emotionale Energie ist allgemein als „Vibe" (Stimmung) bekannt und wird von Wissenschaftlern, die das Gesetz der Anziehung untersuchen, als Schwingung bezeichnet. Wahrscheinlich kennst du das. Es gibt Tage, da bist du schlecht gelaunt und nichts will dir gelingen. Du hast dich bereits so negativ programmiert, dass du überhaupt nicht mehr annehmen kannst, dass der Tag doch noch richtig super werden kann.

Oder kennst du Menschen, die so glücklich sind, dass sie eine Ausstrahlung haben, dass alle Menschen um sie herum glücklich macht? Hast du schon einmal Zeit mit einem Menschen verbracht, der ständig eine negative Stimmung ausstrahlt und nur am Herummeckern und kritisieren ist? Schrecklich, oder? Man distanziert sich, weil diese „Stimmung" selber als enorm belastend wahrgenommen wird.

Du musst keine besonderen Kräfte besitzen, um diese verschiedenen Schwingungen zu spüren, die Menschen ausstrahlen. Diese Energie ist auf einer psychologischen Ebene sehr real und wird jeden, überall und zu jeder Zeit beeinflussen. Unsere Schwingungen sind normalerweise eine unbewusste Reaktion auf irgendeine Form von Umweltreizen; etwas ist passiert, das uns glücklich, traurig, ängstlich, verwirrt oder gestresst hinterlässt.

Unsere unterbewusste Reaktion darauf (weil Schwingungen eher vom Unterbewusstsein als vom Bewusstsein erzeugt und projiziert werden) ist etwas, was außerhalb unserer Kontrolle liegt.

Natürlich gibt es Menschen, die eine negative Stimmung ausstrahlt, sich aber nicht bewusst dafür entscheiden haben. Du merkst es daran, dass du jemanden unsympathisch findest, aber nicht wirklich weißt, warum das so ist. Da spielen dann andere

Faktoren mit ein, wie unterschiedliche energetische Niveaus, Selbstschutz usw. Dies wäre jedoch ein anderes Thema. Du solltest es nur wissen, dass dies auch eine natürliche Reaktion ist. Du fühlst dich unwohl in Gegenwart eines Menschen, dann höre auf deinen Instinkt. Dafür gibt es immer einen Grund und deine eigene Energie gibt dir das als Signal, um dich zu schützen.

Es wird auch immer Menschen geben, die psychisch krank sind und deshalb eine eigene Energieform aufbauen, die wenig bis überhaupt nicht kompatibel mit Energien gesunder Menschen sind. Es ist nicht unsere Aufgabe, die Gründe herauszufinden oder Hilfe zu leisten. Dafür gibt es Ärzte und gutes fachliches Personal. Die eigene Frequenz lässt sich verändern. Dafür muss die Psyche gesund sein, um es erkennen zu können.

Es gibt eine Reihe von Gefühlen, die dazu führen, dass positive und negative Schwingungen entstehen können. Es ist wichtig, bevor wir mit irgendeiner

Form mit dem Gesetz der Anziehung fortfahren, dass du verstehst, was jede davon ist. Die Gründe werden später im Verlauf des Buches deutlich werden.

Übung:

Anstatt große Probleme direkt anzugehen, stelle dir kleinere Anliegen vor und arbeite dich sich schrittweise vor.

Suchen Sie sich zunächst ein Anliegen aus, das du bewältigen möchten. Es ist in Ordnung, wenn es für dich zu groß ist, um es sofort in Angriff zu nehmen. Schaue nun, ob du einen kleinen Schritt machen kannst, ein Bruchteil dessen, was dich auch ans Ziel führt. Es ist wichtig sich der Angst zu versagen zu stellen, da dies der häufigste Grund ist, dass sich Vorstellungen nicht umsetzen. Wir zweifeln daran, dass es gelingen könnte und daran scheitert das Gesetz der Anziehung. Es eignen sich Wünsche, die vielleicht eine relativ bescheidene Herausforderung für dich sind, sich schneller umsetzen lassen, da du Erfolgserlebnisse brauchst, um auch an das große Glück glauben zu können. Jede Art von Veränderung die ausgelöst wird, wird deinen Glauben an dieses Gesetz stärken.

Wenn du Angst vor Ablehnung hast und es dir deshalb prinzipiell schwerfällt mit fremden Menschen zu reden, könnte es ein wichtigstes Ziel sein, an einer unbekannten Person vorbeizugehen und sie anzulächeln. Wenn sich das immer noch zu schwer anfühlt, beginne mit einem noch einfacheren Ziel, z. B. eine Minute lang Augenkontakt mit einer unbekannten Person herzustellen.

Diszipliniere dich bei deinen ersten Babyschritten, bis du dich in der Lage fühlst, die Hürde zu erhöhen. Es gibt keine bestimmte Anzahl von Wiederholungen, die du für jeden Schritt absolvieren musst, aber 5 bis 10 ist ein guter ungefährer Bereich.

Stelle dir sich vor, du hast den Dreh raus, Augenkontakt mit unbekannten Menschen herzustellen, und kannst dies eine ganze Sekunde lang kontrollieren, ohne wegzuschauen. Am Anfang bist du vielleicht ein wenig nervös, aber nach 10 Wiederholungen bist du in der Lage, es immer wieder zu tun. Steigere dann die Herausforderung auf 2 oder 3 Momente.

Wenn du das geschafft hast, dann ist es Zeit, wieder auf das Lächeln zurückzukommen.

Wenn du das Lächeln beherrschst, dann kommt die nächste Hürde: Hallo zu sagen. Innerhalb weniger Wochen kannst du dich langsam daran heranarbeiten, ein Gespräch mit einer völlig unbekannten Person zu beginnen. Jeder kleine Schritt baut deine Erfahrung auf, sodass du dich allmählich vom Anfänger zum Experten entwickeln wirst, ohne sich überfordert zu fühlen. Du wirst lernen, das, was du dir vornimmst, auch erreichbar ist und wenn die

Hürde dahin zu hoch ist, es die Möglichkeit gibt, kleine Hilfen einzubauen.

Mach jeden Trainingsschritt so klein, wie es für dich notwendig ist. Stelle dir bescheidenen Herausforderungen, von denen du einigermaßen überzeugt sind, dass du sie bewältigen wirst. Fühle dich frei, so viele Wiederholungen wie nötig zu machen, bis du dich für den nächsten Schritt bereit fühlen. Du bestimmst das Tempo.

Wenn du dich an diese Vorbereitungsprozedur hältst, wirst du zwei Dinge erreichen. Erstens wirst du aufhören, die schrecklichen „Vermeidungsmuster" zu verstärken, die du dir in der Vergangenheit antrainiert hast, und zweitens wirst du dich darauf konditionieren, dich in zukünftigen Situationen mutiger zu verhalten. Deine Furcht wird abnehmen, während dein Mut wächst. Das bedeutet, dass du auch wirklich daran glaubst, deine Wünsche erreichen zu können.

Eine der häufigsten Gründe, dass das gesetzt der Anziehung nicht funktioniert ist die Angst zu versagen, deshalb haben wir Angst an den Erfolg zu glauben.

Die Angst vor dem Unbekannten kann durch das Anhäufen von zusätzlichem Wissen gelindert werden. Wenn deine Ängste jedoch größtenteils auf Unwissenheit oder mangelnde Erfahrung zurückzuführen sind, kannst du sie möglicherweise verringern oder beseitigen, indem du dich weiterbildest.

Stelle dir vor, du hast Angst, deinen Heimatort zu verlassen und in eine andere Stadt zu ziehen, obwohl du diese Erfahrung gerne machen würdest, du wünschst dir diese neue Erfahrung. Vielleicht ist der Hauptgrund für dein Zögern die Unwissenheit. Das ganze Gefühl scheint überwältigend, da du nicht weißt, was passieren wird.

Aber du könntest lernen, was du wissen musst, indem du Seiten studierst, dich mit Bewohnern anderer Orte vernetzt und kleine Ausflüge machst. Das Wissen, das du lernst, wird dir helfen, dich mutiger und darüber hinaus intelligenter zu verhalten. Es ist erstaunlich, wie viele Möglichkeiten wir uns aufgrund von mangelndem Wissen oder mangelnder Erfahrung versagen. In diesem blühenden Informationszeitalter ist „Ich weiß es nicht" einfach keine gültige Rationalisierung.

Alle Daten, die du benötigst, sind im Netz, in Büchern oder in den Gehirnen anderer leicht zugänglich. Wenn Unwissenheit dich in irgendeinem Bereich deines Lebens einschränkt, dann mache den ersten Schritt und bilde dich weiter.

Eine einfache Möglichkeit, Mut zu entwickeln und sich seine Wünsche zu verwirklichen besteht darin, Verpflichtungen einzugehen, die nicht viel Mut erfordern, es abzulehnen, die aber viel Mut erfordern, um sie auszuführen. Im folgenden Kapitel werden die Grundlagen des Gesetzes der Anziehung erläutert, damit du ein besseres Verständnis dafür bekommst, was es wirklich ist.

4. Die Grundlagen einfach erklärt

Das Erste, was die meisten Menschen über diese Themen wissen wollen, ist: „Sind sie real? Funktionieren sie wirklich?" Es ist ganz natürlich, skeptisch zu sein. Die meisten Menschen sind skeptisch, und das ist auch gut so. Aber wenn man zu skeptisch ist, kann es sein, dass sie bei einem selbst nicht funktionieren.

Du siehst, eine gesunde Portion Skepsis ist eine gute Sache. Es ist nicht klug, einfach alles zu glauben, was auftaucht. Aber du brauchst ein wenig Vertrauen in deinem Leben, wenn du diese Techniken effektiv einsetzen willst.

Das heißt, nicht, dass man unbedingt „Glauben" entwickeln muss. Entweder man hat ihn, oder man hat ihn nicht. Man kann ihn bis zu einem gewissen Grad entwickeln, aber vielleicht nicht bis zu dem

Punkt, an dem diese Methoden besonders effektiv sein können.

Der Glaube ist ein sehr wichtiger Aspekt dieser Methoden, und ich werde in späteren Abschnitten erklären, warum. Fürs Erste solltest du dir klarmachen, dass, wenn du wirklich nicht glauben kannst, dass diese Methoden eine Chance haben, zu funktionieren, sie es wahrscheinlich auch nicht tun – zumindest nicht für dich.

Wenn du jedoch aufgeschlossen bist und zumindest an eine geringe Wahrscheinlichkeit glaubst, dass diese Techniken funktionieren könnten, dann könnten sie sehr wohl ein entscheidender Schlüssel zur Verwirklichung deiner Träume sein.

Alles im Leben wird durch das Gesetz der Anziehung herbeigeführt. Im Grunde genommen hast du einen Gedanken gehabt oder eine Entscheidung getroffen oder eine Handlung vorgenommen, die alles so geschehen lässt, wie es geschieht. Es ist wie ein großer Kreis, die Dinge drehen sich im Kreis, aber sie kommen genau dorthin zurück, wo sie angefangen haben. Wenn du also etwas tust oder gute Gedanken hast, werden die guten Dinge schließlich zu dir zurückkommen. Wenn du hingegen negative Dinge tun und negative Gedanken und Gefühle hast, wird nichts als Negativität zu dir zurückkommen.

Es gibt kein Entrinnen vor dem Gesetz der Anziehung und kein Verstecken vor ihm. Es fordert wirklich einen Tribut für alles in unserem Leben. Sogar die Tatsache, dass ich dieses Buch schreibe oder dass du es liest, hat mit dem Gesetz der Anziehung zu tun.

Es gibt viele Menschen da draußen, die nicht an die Macht der Anziehung glauben. Sie glauben, dass alles, was in ihrem Leben geschieht, nur dem Glück des Lebens entspricht, das sie erhalten haben. In den meisten Fällen ist das Leben dieser Menschen außer Kontrolle geraten oder im Begriff, auseinanderzufallen. Das Leben zu leben, ohne sich an die Regeln des Gesetzes der Anziehung zu halten, ist so, als würde man Auto fahren, ohne das Lenkrad zu benutzen, und einfach hoffen, dass man das gewünschte Ziel erreicht, ohne dass auf dem Weg dorthin etwas Schlimmes passiert. Das ist ein verrückter Gedanke, genau wie der Gedanke, dass man nicht in sein Leben bringt, was da ist.

Das Gesetz der Anziehung geht zu einem großen Teil auf das zurück, was uns allen als Kindern beigebracht wurde. Uns wurde beigebracht, dass jede Aktion, die wir machen, eine Reaktion hat, und das könnte nicht wahrer sein. Alles, was wir tun, bewirkt, dass etwas anderes geschieht, was wiederum etwas anderes bewirkt, und so weiter und so fort, bis es endet. Wenn es nun zurückkommt, möchtest du, dass es positiv oder negativ ist? Sicherlich möchtest du, dass es positiv ist. Damit du positive Dinge vom Universum erhältst, musst du an die Macht des Universums glauben und du musst positive Dinge tun.

5. Lerne die Stille in dir kennen

Es gibt viele verschiedene Vorteile, die sich aus dem Erlernen der Kunst der Meditation ergeben können. Du kannst nicht nur Stress abbauen und andere Wunder für deine Gesundheit bewirken, sondern Meditieren kann auch sehr vorteilhaft für die Anwendung des Gesetzes der Anziehung sein. Meditieren gibt Ihnen die Möglichkeit, die Welt um dich herum abzuschalten und sich auf einer sehr tiefen Ebene mit sich selbst zu verbinden. Du wirst in der Lage sein, deine innersten Gedanken und Wünsche zu hören, wenn du meditierst, und viele Dinge in deinem Leben werden anfangen, mehr Bedeutung zu bekommen. Das Problem ist, dass wir Deutsche meinen, dass Mediation das Aushalten einer Langeweile wäre. Das „vor-sich-hin starren" bis die Zeit abgelaufen ist. Dies ist alles Quatsch. Es gibt so unzählige Formen von Mediation, dass du sicher eine finden wirst, die auch dir zusagt. Ich bin auch ein Mensch, dem es schwerfällt, nicht aktiv zu sein. Ich weiß nicht, ob meine Form das Passende für dich ist, aber probiere es doch einfach aus. Ich lege mich gerne hin und beobachte nur meinen Atem. Dann stelle ich mir vor, was ich mir wünsche und male diese Bilder in allen Facetten aus. Auch das ist Meditation.

Wie bereits erwähnt, wirkt sich alles, was du tust, darauf aus, wie sich das Gesetz der Anziehung in deinem Leben verhalten wird. Das gilt bis hinunter zu den Gedanken, die du hast. Es stimmt, dass Handlungen einen größeren Einfluss haben als Gedanken, aber Gedanken machen immer noch einen Unterschied, wenn es um das Gesetz der Anziehung geht. Meditation kann ein großartiges Hilfsmittel sein, um die Kontrolle über deine Gedanken zu erlangen und deinen Denkprozess vollständig zu verändern.

Es gibt zahlreichen Vorteile, die du aus dem Erlernen der Kunst der Meditation ziehen kannst. Du wirst einige Hinweise erhalten, wie du besser meditieren kannst. Wir werden auch darauf eingehen, wie Meditation mit dem Gesetz der Anziehung zusammenhängt.

Viele Menschen sind sich der Macht der Meditation nicht bewusst und wissen nicht, wie tief sie mit dem Gesetz der Anziehung verbunden ist. Nun, es ist wahr und du wirst es verstehen, wenn du es selbst erfahren haben.

Im Folgenden findest du einige Beispiele für die vielen Vorteile, die die Kunst der Meditation mit sich bringen kann:

Meditation senkt den Stress.

Die Kunst des Meditierens ist eine gute Möglichkeit, den Stresspegel zu senken. Zu lernen, wie man die Außenwelt ausblendet und sich auf sich selbst konzentriert, ist sehr vorteilhaft, wenn man versucht, sein Stressniveau zu senken. Ein hoher Stresspegel kann dazu führen, dass wir uns auf eine Weise verhalten, die wir normalerweise nicht tun würden, z. B. aggressiv oder reizbar. Wie bereits erwähnt, beeinflusst alles, was du im Leben tust, bis hin zu deinen Gedanken und Einstellungen, das Gesetz der Anziehung. Deshalb ist es so wichtig, dass du einen Weg findest, dein Stressniveau zu senken, und Meditation ist wirklich eine der besten Methoden.

Meditation hilft uns, unser wahres Selbst zu erkennen.

Dein Körper ist nichts anderes als ein Tempel für dein wahres Selbst. Wenn du willst, dass das Gesetz der Anziehung zu deinen Gunsten wirkt, musst du lernen, wer dein wahres Selbst ist. Du musst lernen, unter die Oberfläche deines Körpers zu schauen, die äußere Schale zu sehen, sehen, wer du wirklich bist. Dein wahres Ich befindet sich in deiner Seele und deinem Geist, nicht in deinem

Körper, der ihn schützen soll. Die Meditation ermöglicht es dir, die Außenwelt mit all ihren Ablenkungen abzuschalten. So kannst du analysieren, wer du wirklich bist und was du wirklich vom Leben willst.

Meditation hilft bei der Bewältigung von Emotionen.

Neben vielen anderen Dingen kann Meditation einem Menschen sehr dabei helfen, mit seinen Gefühlen umzugehen und sie zu bewältigen. Im Leben können Dinge geschehen, die uns niedergeschlagen oder deprimiert machen. Wenn wir diesen Weg der negativen Emotionen fortsetzen, wird das durch die Kraft des Gesetzes der Anziehung nur weitere negative Konsequenzen in unser Leben bringen. Menschen, die die Kunst der Meditation erlernen, werden lernen, ihre Emotionen besser zu verstehen und sie besser zu kontrollieren. Wenn du deine Emotionen besser unter Kontrolle hast, wirst sie in der Lage sein, die positiven Dinge im Leben zu sehen, was wiederum durch das Gesetz der Anziehung zu mehr positiven Dingen führen wird.

Meditation hilft dir, ein besserer Mensch zu werden.

Die Kunst der Meditation wird dir helfen, insgesamt ein besserer Mensch zu werden. Die Auswirkungen werden nicht sofort spürbar sein, aber mit der Zeit wirst du die Unterschiede in deinem Leben bemerken und wie viel besser die Dinge geworden sind. Wenn du ein besserer Mensch wirst, dann wirst du durch das Gesetz der Anziehung gesegnet sein. Wie bereits in diesem Buch besprochen, kann man sich das Gesetz der Anziehung als einen großen Kreis vorstellen, in den man Gutes hineinsteckt, und das Gute kommt zurück. Wenn du ein besserer Mensch wirst, werden viel mehr gute Dinge in diesen Kreis kommen, was bedeutet, dass du eine Menge guter Dinge zurückbekommen wirst. Auf diese Weise kann die Meditation wirklich ein Segen für dein Leben sein.

Auch wenn man nicht meditiert, funktioniert es.

Eines der besten Dinge an der Meditation ist die Tatsache, dass Sie die Auswirkungen deiner Meditationspraxis auch dann spürbar werden, wenn du nicht meditierst. Du wirst bemerken, dass die alltäglichen Probleme, die dich früher wirklich gestresst haben, nicht mehr so eine große Sache ist. Du wirst besser in der Lage sein, mit Problemen in deinem Leben umzugehen, und du wirst lernen, immer die positive Seite der Dinge zu sehen und an das Universum zu glauben. Meditation ist eng mit dem Gesetz der Anziehung verbunden. Wenn du das Gesetz der Anziehung zu deinem Vorteil nutzen möchtest, musst du lernen, die Welt abzuschalten und sich auf Ihre Verbindung mit dem Universum und deinem wahren Selbst zu konzentrieren.

6. Das Richtige ins Leben ziehen

Die Macht des positiven Denkens ist genau das, wonach es klingt. Indem du positive Gedanken denkst, kannst du dich selbst so beeinflussen, dass Dinge geschehen. Bei dieser Technik geht es darum, in sich zu gehen und seine Gedankengänge zu ändern.

Nehmen wir an, zwei Personen versuchen, die gleiche schwierige Aufgabe zu lösen. Beide Personen sind gleich intelligent und gleich gut ausgebildet. Eine der beiden Personen hat eine positive geistige Einstellung. Sie ist zuversichtlich, dass sie die Aufgabe bewältigen kann. Die andere Person ist voller Ängste und Selbstzweifel. Sie ist besorgt, dass sie es nicht schaffen könnte.

Was glaubst du, wer wird die Aufgabe wahrscheinlich am schnellsten und mit weniger

Fehlern erledigen? Die Chancen stehen sehr gut, dass die selbstbewusste Person die Aufgabe zuerst und in besserer Qualität erledigen wird.

Und warum? Das ist ganz einfach. Menschen machen Fehler, wenn sie gestresst sind. Wenn sie verärgert, deprimiert, frustriert oder wütend sind, fällt es ihnen schwerer, Dinge zu bewältigen.

Wie oft hast du schon versucht, etwas zu tun, und warst sehr frustriert oder sogar wütend? Fiel es dir schwerer, die Arbeit zu erledigen? Vielleicht hast du versucht, etwas zu reparieren, und hast immer wieder dein Werkzeug fallen lassen, und je öfter das passierte, desto wütender wurdest du. Und je wütender du wurdest, desto mehr passierte natürlich auch.

Negativität wirkt sich in vielerlei Hinsicht auf dich aus, sie kann es extrem schwierig machen, Dinge zu erledigen. Wenn du negative Gedanken denkst, wirkt sich das oft auf dein Verhalten aus, ohne dass du es merken.

Stattdessen musst du dich darauf konzentrieren, positiv zu denken. Wann immer ein negativer Gedanke auftaucht, musst du lernen, ihn sofort wieder zu verdrängen oder durch einen positiven Gedanken zu ersetzen.

In einem späteren Abschnitt werde ich dir ein paar Beispiele für negative Gedanken geben, sowie die positiven Gedanken, mit denen du sie ersetzen kannst. Du wirst lernen, wie du Negativität aus deinem Leben verbannen kannst, um es zu verbessern.

Im Moment solltest du einfach erkennen, dass die Kraft des positiven Denkens sehr wohl funktioniert. Es funktioniert, indem es deine

Einstellung zu einer Situation ändert. Das öffnet deinen Geist dafür, mehr zu erledigen, Aufgaben leichter abzuschließen und das nötige Selbstvertrauen zu haben, um Dinge zu verwirklichen.

Kann es also helfen, deine Träume zu verwirklichen? Auf jeden Fall! Wenn du glücklicher, selbstbewusster und leistungsfähiger bist, kannst du viel mehr erreichen. Und das ist keine „Magie"!

Das Gesetz der Anziehung wird Dinge in dein Leben ziehen, sowohl gute als auch schlechte, je nach den Entscheidungen, die du triffst, und den Gedanken und Gefühlen, die du täglich hast. Du willst sicherstellen, dass du so viel Positives wie möglich aus dem Universum anziehst und so wenig Negatives wie möglich.

Wie bereits erwähnt, kann man die Macht des Gesetzes der Anziehung nicht aufhalten oder sich vor ihr verstecken, also musst du lernen, sie zu kontrollieren, damit du nur positive Dinge in dein Leben ziehst. Das Letzte, was du willst, ist, dass alles gut läuft und du dann etwas in dein Leben ziehst, das alles ruiniert.

Zu lernen, wie du die Kraft des Gesetzes der Anziehung zu deinem Vorteil nutzen kannst, wird Zeit, Geduld und Mühe kosten, aber am Ende wird es die Mühe wert sein.

In deinem inneren Selbst projizierst du die Energie in das Universum, die man sich als eine Art Radiosignale vorstellen kann. Diese Signale enthalten Ihre Gedanken, Wünsche und Handlungen und das Gesetz der Anziehung wird diese Signale aufgreifen. Wie bereits erwähnt, beeinflusst alles in deinem Leben das Gesetz der Anziehung. Du kannst diese Kraft nutzen, um eine große Menge an guten Dingen und Gelegenheiten in dein Leben zu bringen.

Du solltest sicherstellen, dass du immer positive Signale projizieren, die das Gesetz der Anziehung aufgreift. Das Gesetz der Anziehung wird das in dein Leben bringen, was du projizierst und was du willst. Die Sache ist die, dass wir manchmal Signale projizieren, ohne uns dessen überhaupt bewusst zu sein. Es ist wichtig, dass wir mit unserem wahren inneren Selbst in Kontakt kommen und lernen, wie wir mit ihm kommunizieren können. Wir müssen lernen, unsere Gefühle und Gedanken zu kontrollieren. Die Art und Weise, wie wir denken, beeinflusst die Art und Weise, wie wir handeln, und auch die Dinge, die wir in unserem täglichen Leben tun. Deshalb ist es wichtig, dass wir Wege finden, unsere Gedanken zu kontrollieren, damit wir bessere Entscheidungen und Handlungen treffen können.

Das Gesetz der Anziehung kann auch durch andere Dinge beeinflusst werden, z. B. durch die Freunde, die Sie in Ihrem Leben haben, oder durch die Menschen, mit denen Sie sich umgeben. Wenn du dich für den Umgang mit negativen Menschen entscheidest, wirst du von negativer Energie beeinflusst. Diese negative Energie wird vom Gesetz der Anziehung aufgenommen, und du wirst anfangen, auf natürliche Weise negative Dinge in dein Leben zu ziehen. Du wirst bald feststellen, dass alles außer Kontrolle gerät und nichts als Negativität in dein Leben kommt. Wenn du dich dagegen mit guten Menschen umgibst, die positive Energie ausstrahlen, wirst du durch das Gesetz der Anziehung beginnen, mehr positive Dinge in Ihr Leben zu ziehen.

Letztendlich hast du die Wahl, was du mit dem Gesetz der Anziehung in dein Leben bringen möchtest. Wenn es dir immer noch schwerfällt, zu glauben, wie mächtig dieses Gesetz ist, musst du an die Beweise für seine Existenz denken, die überall um uns herum sind. Denke darüber nach, jede Aktion hat eine Reaktion, also stelle sicher, dass du positive Aktionen machen, die positive Reaktionen haben werden.

Das Universum ist sehr mächtig und kann dir das bestmögliche Leben bieten, wenn du weißt, wie du es um etwas bitten kannst. Viele Menschen sind sich der Vorteile nicht bewusst, die sie erhalten können, wenn sie das Universum um das bitten, was sie sich wünschen. Andererseits gibt es Menschen, die sich der Macht des Universums bewusst sind, aber nicht wissen, wie sie ihr inneres Selbst richtig anzapfen können, um zu sehen, was sie wirklich wollen.

Um die Kraft des Gesetzes der Anziehung richtig nutzen zu können, musst du wissen, wie du mit dem Universum sprechen und es um das bitten kannst, was du möchtest. Denke daran, dass du dabei keine sofortigen Ergebnisse erwarten solltest. Du musst Vertrauen in das Universum haben und darauf vertrauen, dass es dir gegenüber großzügig sein wird. Wenn du das tust, wird dein Vertrauen durch das Gesetz der Anziehung belohnt werden und Sicherheit in dein Leben kommen.

Das folgende Kapitel wird sich mit der Bedeutung des Universums befassen und darauf eingehen, wie das Bitten des Universums um das, was du möchtest, mit dem Gesetz der Anziehung zusammenhängt.

Bitten Sie um das, was du dir wirklich wünschst.

Du setzt die Dinge in Bewegung, wenn du das Universum um das bitten, was du dir wünschst. Das Gesetz der Anziehung wird das, was du möchtest, in dein Leben bringen, wir müssen nur darum bitten.

Alles wird beginnen, sich zu manifestiere. Alle Ressourcen und die Entschlossenheit, die du brauchst, um alles in deinem Leben zu erreichen, was du dir jemals gewünscht hast, wird beginnen in dein Leben zu kommen, und du wirst nichts tun müssen, solange du wahrhaftig bist, wenn du mit dem Universum sprichst.

Du wirst nicht in der Lage sein, das Universum um das zu bitten, was Sie möchtest, wenn du dir deiner Wünsche nicht 100 % bewusst bist. Hier kommen die Meditation und andere Formen der inneren Selbstkommunikation ins Spiel. Du musst in der Lage sein, tief in dich selbst hineinzuschauen und zu entdecken, was deine wahren Wünsche sind. Du musst in der Lage sein, alle äußeren Einflüsse auszublenden und herauszufinden, was du wirklich willst und nicht, was andere Einflüsse wollen.

Sobald du in der Lage bist, mit deinem inneren

Selbst zu kommunizieren und zu erfahren, was deine wahren Wünsche sind, wirst du das Universum viel leichter um das bitten können, was dir wichtig ist.

7. Das Prinzip der Transformation

Transformieren bedeutet, über die Form hinauszugehen, über unseren Körper hinauszugehen, über die materielle Welt hinauszugehen.

Das Gesetz der Anziehung ähnelt in gewisser Weise der Kraft des positiven Denkens. Du musst positive Gedanken denken und versuchen, negative Gedanken zu eliminieren, damit es funktioniert.

Mit der Kraft des positiven Denkens würdest du zum Beispiel sagen: „Ich weiß, dass ich reich werden kann." Mit dem Gesetz der Anziehung würdest du die Augen schließen und dir vorstellen, wie dein Leben aussehen würde, wenn du bereits wohlhabend wärst. Du stellst dir vor, wie du im Haus deiner Träume lebst, den Urlaub verbringst, den du dir schon immer gewünscht hast, oder alles besitzen, was du schon immer zu besitzen hofftest.

Es gibt zwei Theorien, warum das funktionieren könnte. Die eine besagt, dass es überall um uns herum magnetische Kräfte gibt. Wenn du positive Gedanken denkst, ziehst du die Dinge wie ein Magnet an. Wenn du negative Gedanken denkst, stößt du sie ab – und stößt sie immer weiter weg.

Die andere Gruppe behauptet, dass die Theorie im Prinzip gut ist, aber nur, weil sie nach dem gleichen Prinzip funktioniert wie die Kraft des positiven Denkens. Wenn man positive Gedanken denkt, geschehen natürlich gute Dinge.

Wenn du den Theorien über mystische Energieflüsse und Magnete skeptisch gegenüberstehst, ist das verständlich. Vielen Menschen fällt es schwer, das Konzept zu begreifen, und für diese Menschen kann es manchmal hinderlich sein, die Methoden zu nutzen.

Du musst jedoch nicht an die mystische Seite des Gesetzes glauben, um die Vorteile dieser Techniken zu nutzen. Wie die Kraft des positiven Denkens kann auch das Gesetz der Anziehung einfach dadurch wirken, dass es dir hilft, negative Gedanken in positive zu verwandeln.

Nehmen wir an, du hast deinen Job verloren und bist nun auch noch obdachlos. Die meisten Menschen, die obdachlos sind, haben ständig negative Gedanken. Das ist ganz natürlich. Die meisten Menschen, die sich in einer so schlechten Situation befinden, würden sich negativ fühlen.

Sie denken Dinge wie:

„Warum ich?"

„Das ist scheiße. Ich werde für immer obdachlos sein!"

„Mann, warum haben es alle anderen warm und gemütlich in einem Haus und ich friere auf der Straße?"

Das sind negative Gedanken. Sie versetzen die Person in einen ständigen Zustand der Depression. Wenn man deprimiert und wütend ist, ist es schwer, etwas zu erreichen.

Wie kannst du deine Situation ändern, wenn du dich hoffnungslos fühl? Man kann es nicht. Solange du dein Denken nicht änderst, steckst du fest!

Wenn diese Person jedoch jeden Tag einige Zeit damit verbringen würde, sich vorzustellen, dass sie einen guten Job hat, der ihr wirklich Spaß macht, dass sie in einem schönen Haus lebt, ihre Rechnungen bezahlt sind und das Essen auf dem Tisch steht, würde sie wahrscheinlich etwas mehr Hoffnung verspüren. Je öfter sie sich das vorstellten, desto realer würde es für sie werden.

Sobald ihr Gehirn diese Situation endlich als „möglich" ansieht, würden sie wahrscheinlich mit

Leidenschaft daran arbeiten, sie zu verwirklichen. Weil ihr Gehirn endlich glaubt, dass es wirklich möglich ist, diese Art von Leben wieder zu führen, können sie ihren negativen Modus verlassen und in einen positiven Modus wechseln.

Jemand, der depressiv und negativ ist, kann nicht gut funktionieren. Viele Menschen, die schwer depressiv sind, können nicht einmal aus dem Bett aufstehen! Aber wenn sie sich vorstellen, dass es ihnen besser geht, und ihr Gehirn zu glauben beginnt, dass dies möglich ist, werden sie sich viel mehr anstrengen, um es zu erreichen.

Ich weiß nicht, welche Gruppe recht hat. Was ich weiß, ist, dass das Gesetz der Anziehung mit Sicherheit funktioniert. Ob nun unsichtbare Energiekräfte am Werk sind oder einfach nur gutes, altmodisches Gehirntraining, das Gesetz der Anziehung kann dein Leben verändern.

Im Leben geht es wirklich darum, sich zu verändern. Seit dem Tag, an dem wir geboren wurden, verändern wir uns ständig. Aus wissenschaftlicher Sicht ist das absolut wahr. Du, derjenige, der dieses Buch in diesem Moment liest, ist bereits ein anderer, als noch vor einer Minute. Während du dieses Material liest, laufen in deinem Körper Millionen biologischer Reaktionen ab, dein Körper verändert sich ständig. Unser Körper steht in jedem Augenblick unseres Lebens in ständigem Austausch mit der Umwelt. Bei jedem Atemzug verlassen Milliarden von Atomen unseren Körper, und Milliarden von neuen Atomen kommen in unseren Körper. Wir sind keine starre, feste Einheit. Wir sind Energie, die sich ständig wandelt.

Habe ich das gesagt? Ja, wir sind Energie. Nach der Quantenphysik besteht jedes Ding in dieser materiellen Welt aus Atomen, jedes Atom aus subatomaren Teilchen. Diese subatomaren Teilchen sind nichts anderes als Energie, die in verschiedenen Frequenzen schwingt. Das gilt auch für unseren Körper. Unser Körper ist nichts anderes als ein ganzes Bündel von Energie. Jetzt haben wir einen neuen Blickwinkel auf unseren Körper: Wir sind Energie, die sich ständig wandelt.

Hier stellt sich die Frage, wer diesen Transformationsprozess steuert. Was ist die Kraft dahinter? Die Antwort ist, dass es eine göttliche Kraft gibt, die alles durchdringt. Darin sind sich sowohl Wissenschaftler als auch Religionsführer einig. Manche Menschen nennen diese Kraft Gott; ich möchte sie als Intelligenz bezeichnen. Diese Intelligenz durchdringt alles, was wir sehen, berühren und fühlen können. Sie beherrscht die gesamte materielle Schöpfung. Wenn wir mit dieser Intelligenz in Kontakt treten könnten, könnten wir durch ihre göttliche Kraft alles erschaffen, was wir wollen. Sie ist in der Tat in jedem Moment in uns, noch bevor wir geboren wurden. Die Technik, die von vielen erfolgreichen Menschen in der Geschichte der Menschheit verwendet wurde, um mit dieser Intelligenz in Kontakt zu kommen, ist die Meditation.

Du wirst das Gesetz der Anziehung auch für dich anwenden können, wenn du mit Meditation nicht so viel anfangen kannst, aber es ist eine tolle Möglichkeit zur Ruhe zu kommen und dich schneller in dich selbst zurückziehen zu können. Bitte versuche es einmal und du wirst feststellen, wie gut es dir tun wird.

Setze dich bequem auf einen Stuhl und lege dich mit geraden Rücken hin, stellen deine Füße flach auf den Boden und lasse sie im Liegen locker nach außen fallen. Lege deine Hände auf die Oberschenkel, die nach oben zeigen. Im Liegen ist es einfacher, die Hände neben dem Körper zu positionieren, um die Handflächen bequem nach oben zeigen zu lassen. Halte die Wirbelsäule gerade. Schließe die Augen und konzentriere dich auf deine Atmung. Beim Einatmen denke an das Wort „einatmen", beim Ausatmen an das Wort „ausatmen". Folge sanft deinem Atem und wiederhole die Worte in Gedanken, versuche nicht, sie zu kontrollieren. Immer wenn dein Geist abschweift, bringe ihn sanft zu deiner Atmung zurück. Führe diese Meditation so lange durch, bis mindestens 5 Minuten vergangen sind. Du kannst dir einen Wecker stellen und die Meditation beliebig auf 10, 15 oder 20min erweitern.

Wie lassen sich Grundsätze des Gesetzes leichter umsetzen?

Beginne, die Wahrnehmung deines Körpers zu verändern. Wiederhole die Worte „Energie, Transformation und Intelligenz" viele Male am Tag. Du wirst beginnen, die Welt ganz anders zu sehen.

Vergebe dir selbst alle Fehler, die du in der Vergangenheit gemacht hast, denn du weißt, dass du nicht mehr das bist, was du in der Vergangenheit warst. Jeden Moment wird ein neues du geboren und du lebst in diesem gegenwärtigen Moment mit einem neuen du.

Beginne, dich jeden Tag auf deine Wünsche zu konzentrieren; glaube fest daran, dass sie in Erfüllung gehen werden, denn du weißt, dass die Intelligenz der Schöpfung bereits in dir ist, du bist der Schöpfer. Kommuniziere mit dieser Intelligenz und gebe deine Wünsche durch tägliche Meditation weiter.

8. Hilfe durch Affirmationen

Das Schreiben von Affirmationen kann dir helfen, wenn du versuchst, die Kraft des Gesetzes der Anziehung zu nutzen, um gute Dinge in dein Leben zu bringen. Ob du es glaubst oder nicht, einfach positive Aussagen zu sagen oder aufzuschreiben, kann einen großen positiven Einfluss auf dein Leben haben. Wenn du genügend positive Aussagen über die Wünsche, die du in deinem Leben erhalten möchten, gesagt oder aufgeschrieben hast, wirst du anfangen, daran zu glauben, und sie werden wahr werden.

Wie bereits erwähnt, wird das Gesetz der Anziehung durch die Denkweise, die du hast, beeinflusst. Wenn du also positiv denkst, verstärkt durch die Kraft der Affirmationen, wird das Gesetz der Anziehung beginnen, gute Dinge in dein Leben zu bringen, und das in kürzester Zeit, und du wirst erstaunt sein, wie schnell und wie viele Wunscherfüllungen kommen.

Im folgenden Kapitel geht es um die Bedeutung des Schreibens von Affirmationen und warum sie so wichtig sind, wenn es darum geht, das Gesetz der Anziehung zu deinem Vorteil zu nutzen. Ich werde auch Wege aufzeigen, wie du Affirmationen schreiben kannst, die effektiv sind und gut funktionieren.

Schreiben deine Wünsche auf und glaube an deren Umsetzung.

Damit die Affirmationen, die du schreibst, wirksam sind, ist es sehr wichtig, dass du sie auf eine bestimmte Art und Weise verfasst. Im Folgenden findest du eine Schritt-für-Schritt-Anleitung, die dir helfen soll, eine möglichst effektive Affirmation zu schreiben.

Schritt eins.

Eine der einfachsten Möglichkeiten, um mit dem Schreiben von Affirmationen zu beginnen, ist das Schreiben einer Reihe von, Ich-bin-Aussagen. Diese Aussagen sollten sich auf das beziehen, was du werden willst oder was du in dein Leben bringen möchtest. Das scheint wirklich einfach zu sein, nicht wahr?

Das liegt daran, dass es einfach ist. Etwas so Einfaches wie das tägliche Aufschreiben von Aussagen kann bewirken, dass das Gesetz der Anziehung beginnt, diese Aussagen wahr werden zu lassen. Eine wichtige Sache ist, dass du immer daran denken musst, diese Aussagen zu glauben, sonst ist der ganze Prozess Zeitverschwendung. Es mag anfangs schwierig sein, an diese Aussagen zu glauben, aber mit der Zeit wird es viel einfacher werden.

Zweiter Schritt

Es ist wichtig, dass du beim Schreiben deiner Affirmationen keine negativen Dinge aufschreibst. Du willst positiv bleiben, also musst du dich auf Dinge konzentrieren, die du in dein Leben bringen möchtest und nicht auf das, was du aus deinem Leben holen willst. Das Gesetz der Anziehung reagiert auf das, was du schreibst und was du denkst, sodass negative Aussagen zu unerwünschten Ergebnissen führen können.

Dritter Schritt

Im Leben ist es wichtig, dass man immer man selbst ist. Du solltest nie versuchen, jemand anderes zu sein als der, der du wirklich bist. Das gilt selbst dann, wenn es darum geht, wie du deine Affirmationen schreibst. Du solltest Worte und Sätze verwenden, die für dich normal sind. Versuche nicht, wie eine andere Person zu klingen. Es ist wichtig, dass du ehrlich zu dir selbst bist und zu dem stehst, was du wirklich bist.

Vierter Schritt

Wenn du deine Affirmationen schreibst, ist es sehr wichtig, dass du sie mit viel Energie und Leidenschaft formulierst. Du solltest etwas von deiner Persönlichkeit einfließen lassen. Wenn du sie langweilig und stumpfsinnig schreibst, wirken sie eher wie eine Aufgabe als wie eine Affirmation. Affirmationen sollen fröhlich und hoffnungsvoll sein, also stecke etwas Energie in ihre Formulierung.

Schritt fünf.

Du willst keine Zeit damit verschwenden, dir Gedanken darüberzumachen, wie deine Affirmationen wahr werden sollen. Das ist die Aufgabe des Gesetzes der Anziehung. Wenn du deine Affirmationen aufschreiben und wirklich an sie glauben, wirst du diese Dinge in dein Leben ziehen. Wie bereits erwähnt, geschieht das vielleicht nicht über Nacht, aber es wird früher oder später geschehen.

Du wirst überrascht sein von der Macht, die Affirmationen haben. Das Gesetz der Anziehung ist sehr mächtig und die Verwendung positiver Affirmationen ist eine großartige Möglichkeit, sich die Kraft der Anziehung zunutze zu machen und sie für das Leben zu nutzen.

Vielleicht fühlen Sie sich anfangs etwas seltsam an, wenn du mit dem Schreiben deiner Affirmationen beginnst, aber dieses Gefühl wird mit der Zeit vergehen. Ich kann nicht genug betonen, wie wichtig es ist, dass du wirklich an deine Affirmationen glaubst. Man muss an die Affirmationen glauben, wenn sie funktionieren sollen. Noch einmal: Wenn du nicht an deine Affirmationen glaubst, sind sie nichts weiter als eine große Zeitverschwendung.

9. Du bist ein Teil des Ganzen

Das Erkennen einer Verbundenheit ist eines der grundlegendsten Prinzipien des Universums. Solange du dieses Prinzip verstehst und es täglich in die Praxis umsetzen, kannst du den Erfolg, den du dir wünschst, nicht verfehlen. Dieses grundlegende Prinzip wird das Prinzip der Verbindung genannt.

Das Prinzip der Verbindung besagt, dass wir Menschen nicht getrennt sind, sondern dass wir alle miteinander und mit dem Universum, in dem wir leben, verbunden sind. Anders ausgedrückt: Das ganze Universum ist eine Einheit. Wir sind alle ein Teil davon, wir sind alle eins. Wenn du denkst, dass du von der Umwelt getrennt bist, dann versuche, einen Moment lang nicht zu atmen.

Wir können nicht ohne unsere Umwelt leben. Du und deine Umwelt sind ein Ganzes. Du kannst dich nicht von ihr trennen. Ohne die Umwelt gibt es dich nicht, ohne dich gibt es auch keine Umwelt. Stelle dir vor, du liest die Wörter auf dem Bildschirm und siehst die Wörter nur durch den weißen Raum hinter den Wörtern. Der Raum und die Wörter machen diese Seite zu einem Ganzen. Ohne jeden von ihnen existiert die Seite nicht.

Um das Gesetz der Verbundenheit zutiefst zu verstehen, sollten wir uns die grundlegende Frage stellen: „Woher kommen wir?" Die Antwort auf diese Frage lautet: „Wir wachsen aus dieser Umgebung heraus." Man pflanzt einen Samen in die Erde, er wächst langsam zu einer Wurzel heran, dann zu einem Stamm, zu Ästen, Blättern, und schließlich blüht er und bringt Früchte hervor. Wenn wir den Baum sehen, sagen wir, er wächst aus dieser Welt, wir sagen nicht, er kommt aus einer anderen, getrennten Welt. Genauso wie der Baum aus der Welt herauswächst, bist auch du. Du bist kein getrenntes Wesen aus einer anderen Welt; du wächst einfach aus dieser Welt heraus, du bist eine Erweiterung dieser Welt, oder anders gesagt, die Welt ist auch eine Erweiterung von dir.

Alles in dieser Umgebung ist also eine Erweiterung von dir. Wenn du das weißt, kannst du alles erschaffen, was du dir wünschst. Da du deine Umgebung bist und deine Umgebung du bist, ist alles in dieser Umgebung ein Teil von dir, einschließlich Reichtum, Gesundheit, göttliche Beziehungen sowie alle anderen materiellen Vorgänge. All diese Dinge sind bereits ein Teil von dir. Mit anderen Worten: „Auf der Quantenebene ist dir alles, was du dir wünschst, bereits gegeben." Das Einzige, was du tun musst, ist, es durch das Gesetz der Anziehung zu materialisieren.

Da alles in dieser Umgebung eine Erweiterung von dir ist, sind es auch andere Menschen. Jeder in diesem Universum ist mit dir auf der Quantenebene verbunden.

Ich hatte eine Freundin, die ich seit Jahren nicht mehr gesehen hatte, ich wusste zwar, wo sie arbeitete, hatte aber nie die Gelegenheit, sie zu treffen. Nachdem ich diese Technik gelernt hatte, beschloss ich, sie auszuprobieren und meine Freundin damit zu finden. Ich schrieb den folgenden Satz auf ein leeres Blatt Papier. „ICH WERDE LUCY TREFFEN", übrigens ist Lucy nicht ihr richtiger Name, ich verwende ihn hier nur zur Demonstration. Nachdem du diese Wörter aufgeschrieben hast, streiche alle sich wiederholenden Buchstaben in diesem Satz. Zum Beispiel, es gibt 3 LS in diesem Satz, streiche die anderen beiden, behalte nur einen. Danach habe ich nur noch die Buchstaben „I W L M E T U C Y". Als Nächstes sollst du mit diesen Großbuchstaben eine Zeichnung anfertigen, du kannst alles zeichnen, die Zeichnung muss keinen Sinn ergeben, solange sie aus diesen Buchstaben besteht. Bevor ich an diesem Abend zu Bett ging, schaute ich mir die Zeichnung an und hielt ein Bild davon in meinem Kopf fest, und dann schlief ich ein. Am nächsten Morgen habe ich es völlig losgelassen, das Papier weggeworfen und nie wieder daran gedacht. Das liegt daran, dass das

Unterbewusstsein Vertrauen braucht, und je mehr du ihm vertraust, desto mehr wird es für dich arbeiten. Ich vergaß die Sache völlig und ließ das Unterbewusstsein daran arbeiten. Das Erstaunliche geschah: Eine Woche später traf ich meine Freundin.

Nur wenn du es ausprobierst, kannst du dich überraschen lassen, wie gut das funktioniert.

Ich hoffe, dass du von diesem Tag an die Welt aus einer neuen Perspektive sehen kannst. Erkenne, dass die Welt ein Teil von dir ist, und du wirst verstehen, dass alles, was du dir wünschst, mit dir auf der Quantenebene verbunden ist. Dann wirst du anfangen, zu sehen, wie sich gute Dinge in deiner Welt manifestieren.

Wie lässt sich dies in die Praxis umsetzen?

Wann immer du dich deprimiert fühlst, erinnere dich daran, dass du nicht getrennt bist. Die göttliche

Energie des Universums ist immer in dir. Du bist mit der Quellenenergie verbunden, und sie wird alle deine Wünsche durch deine Gedanken bringen.

Sehe „Jeden" als Teil von dir selbst, zeige Liebe. Wiederhole heute oft „Ich will meinen Nächsten lieben wie mich selbst".

Achte auf die Schönheit in allem, mit dem du in Berührung kommst, denn du weißt jetzt, dass alles ein Teil von dir ist.

10. Verstehe das Prinzip der Möglichkeiten

Das Prinzip aller Möglichkeiten ist die grundlegende Natur dieses Universums, in dem wir leben. Es ist die Grundnatur aller Dinge auf diesem physischen Planeten. Ob es sich nun um ein Auto, einen menschlichen Körper oder einen Geldschein handelt, sie alle gehorchen dem Prinzip der unbegrenzten Möglichkeiten.

Wenn wir dieses Prinzip verstehen, wird sich unsere Wahrnehmung der physischen Welt, in der wir leben, augenblicklich verändern, und unsere geistige Einstellung wird nicht mehr dieselbe sein.

Das Prinzip aller Möglichkeiten besagt, dass das Universum, in dem wir leben, ein Feld aller Möglichkeiten ist, alles in diesem Universum ist ein Feld aller Möglichkeiten, und es ist eine Funktion unserer Beobachtung. Dieses Prinzip bedeutet einfach, dass jedes materielle Ding nur aufgrund deiner Beobachtung entsteht. Sobald du deine

Beobachtung zurückziehst, wird es zu einer Möglichkeit.

Der Raum, in dem du lebst, entsteht zum Beispiel nur, weil du ihn ansiehst; sobald du deine Aufmerksamkeit von ihm abwendest, wird er plötzlich verschwinden.

Das klingt magisch, aber es ist wahr. Die Wissenschaftler haben bereits bewiesen, dass dies eine Wahrheit ist. Wie du vielleicht weißt, besteht alles in diesem Universum aus subatomaren Teilchen, die die Grundbausteine dieses Universums sind. Das Seltsame an diesen Teilchen ist, dass wir sie nie gesehen haben. Wir wissen von ihrer Existenz, weil wir die Spuren beobachten, die sie hinterlassen haben. Interessant an diesen Teilchen ist auch, dass sie nur existieren, wenn wir sie beobachten. Wenn wir unsere Aufmerksamkeit auf sie richten, erscheinen sie auf magische Weise als ein Raum-Zeit-Ereignis.

Jetzt haben wir uns klargemacht, dass alles unmöglich ohne deine Beobachtung oder Aufmerksamkeit existieren kann. Dieses Universum ist ein Feld aller Möglichkeiten.

Was hat dieser Grundsatz mit uns zu tun? Es hat alles mit uns zu tun, denn alles, was wir uns wünschen, ist auch eine Möglichkeit. Alles, was wir uns wünschen, sei es ein Auto, ein gesunder Körper, eine göttliche Beziehung, existiert bereits in diesem Feld aller Möglichkeiten, das wir Universum nennen. Du kannst sie durch die Kraft deiner Aufmerksamkeit in die Realität bringen. Denke daran: „Alles, was existieren kann, existiert bereits. Sogar die Version, dass du ein Leben in Fülle lebst, egal für welchen Bereich, existiert bereits in diesem Feld aller Möglichkeiten."

Der Grund, warum du es nicht gesehen oder erlebt hast, ist, dass du ihm nicht genug Aufmerksamkeit geschenkt hast. In dem Moment, in dem du anfängst, deine Aufmerksamkeit darauf zu richten, wird das Universum beginnen, es in deine Realität zu bringen. Wie du denkst, so bewegt sich das Universum. Das Universum folgt genau deinen Anweisungen, also musst du darauf achten, wie du deine Anweisungen gibst. Die einzige Art und Weise, wie das Universum deine Anweisungen erhält, ist durch deine Schwingung, du musst sehr sensibel darauf achten, wie du schwingst. Deine Schwingung wird durch deine Aufmerksamkeit in diesem Moment bestimmt.

Sobald du bemerkst, dass deine Schwingung nicht mit dem übereinstimmt, was du dir wünschst, ist es an der Zeit, deine Aufmerksamkeit zu verändern.

Das Universum folgt genau deinen Anweisungen, egal ob gut oder schlecht, deshalb musst du von Moment zu Moment auf deine Schwingung achten. Das ist eine Schlüsselbotschaft des Gesetzes der Anziehung.

Wie lässt sich dieser Grundsatz in die Praxis umsetzen?

Trainiere von diesem Tag an deinen Geist, die Dinge anders zu sehen. Was auch immer du siehst, sehe es nicht als ein festes Objekt; erinnere dich daran, dass es ein Raum-Zeit-Ereignis ist, das durch deine Beobachtung ins Leben gerufen wurde.

Beobachten deine Aufmerksamkeit von Moment zu Moment, richten deine Aufmerksamkeit auf Ihre Wünsche, denn du weißt, dass das Universum perfekt arbeitet, um alles in deine Realität zu bringen.

Erinnere dich im Laufe des Tages so oft wie möglich daran, dass alles, was existieren kann, jetzt existiert, du kannst entscheiden, deine Wünsche jetzt zu erleben, indem du deine Aufmerksamkeit verlagern.

11. Verstehe das SEIN

Dies ist ein sehr wichtiges Prinzip, das dir helfen wird, deine Wünsche auch wirklich zu erfüllen. Es ist das Prinzip des Seins. Wenn dieses Prinzip richtig angewendet wird, brauchst du dir keine mehr Sorgen zu machen, dass du nicht bekommst, was du dir wünschst. Du wirst die Erfahrung machen, dass du deine Lebenswünsche auf einfache und mühelose Art und Weise verwirklichen kannst.

Das Prinzip des Seins besagt einfach, dass du alles, was du hast oder sein möchtest, schnell in der physischen Welt erfahren wirst, wenn du dich entscheiden, in diesem Zustand des Seins oder Habens zu sein. Wenn du zum Beispiel reich werden möchtest, ist der schnellste Weg, reich zu werden, der Zustand, in dem du reich bist. Der Zustand des Seins ist deshalb so wichtig, weil der Zustand des Seins deine Gedanken und die Art und Weise, wie du die Dinge betrachtest, bestimmst. Wenn du dich in einem Zustand der Armut befindest, wirst du denken, sprechen und handeln wie die Armen, wenn du dich in einem Zustand des Reichtums befinden, wirst du die Dinge anders sehen und anders handeln. Eine der wichtigsten Lektionen, die ich gelernt habe, sind die Ideen, die die Art und Weise verändern, wie man die Dinge betrachtet, und die Dinge, die man betrachtet, verändern sich. Wenn du dich im Zustand des Reichtums befindest, fängst du an, die Dinge aus der Perspektive des Reichtums zu betrachten, und deine Gedanken werden sich augenblicklich verändern, alles in deiner Welt wird sich verändern. Wie wir aus der Quantenphysik gelernt haben, verändern sich subatomare Teilchen aufgrund unserer Beobachtung.

Wie der Mikrokosmos, so ist auch der Makrokosmos. Ändere die Art und Weise, wie du die Dinge beobachtest, und die Dinge, die du beobachtest, werden sich ändern. Die Botschaft ist einfach: Wenn du deinen Seinszustand änderst, wird sich die Art und Weise ändern, wie du die Dinge betrachtest, und das wird die Dinge ändern, die du betrachtest.

Wenn du reich sein willst, egal wie deine gegenwärtigen Umstände sind, erkläre dem Universum „Ich bin reich". Lasse dich nicht von der äußeren Welt täuschen. Was die Menschen nicht verstehen, ist, dass ihre äußeren Umstände sie nicht kontrollieren. Die äußeren Umstände sind die Auswirkungen der Entscheidungen, die du bis jetzt getroffen hast.

Jetzt verstehen wir, dass die äußere Welt nur ein Spiegelbild unseres Seinszustandes ist. Dann können wir unsere äußere Welt bewusst verändern, indem wir den Zustand des Seins verändern.

Behaupte und erkläre dir bewusst „Ich bin reich". Erkläre es mit Gewissheit und fühle das Gefühl, reich zu sein. Selbst wenn du in diesem Moment überhaupt kein Geld hast, bestätige dir trotzdem die Wahrheit, denn auf der Quantenebene bist du bereits reich. Alles, was überhaupt existieren kann, existiert bereits, sogar die Version von dir, die den Reichtum erlebt, existiert bereits. Der Grund, warum du es nicht siehst, ist, dass die Illusion der Zeit dich daran hindert, den Reichtum zu erfahren. Was du tun kannst, ist, dein Bewusstsein zu verändern und den Zustand zu wählen, JETZT reich zu sein! Du wirst es schnell in deiner physischen Welt erfahren.

Das Universum antwortet dir durch deine Gefühle und deinen Zustand. Wenn du dich für den Zustand des Reichtums entscheidest, wird das Universum dich widerspiegeln, indem es deine äußere Welt umgestaltet, um dich in diesem Zustand zu halten. Der umgekehrte Fall ist ebenfalls wahr.

Das Universum funktioniert nur, wenn Harmonie herrscht, egal ob gut oder schlecht. Behalte den Zustand des Reichtums bei, indem du dem Universum sagen: „Ich habe genug Geld, und ich erlaube, dass das, wovon ich bereits genug habe, zu mir fließt."

Wie lässt sich das Prinzip des Seins umsetzen?

Affirmieren Sie „Ich bin reich" oder welchen Zustand du dir auch immer wünschst und erinnere dich an die Wahrheit, dass du auf der Quantenebene bereits reich sind. Tue dies so oft wie möglich während des Tages.

Deine konsequenten Gedanken schaffen deine Realität,
die den gewünschten Zustand, in dem du gerne sein möchtest, auslösen und bekräftigen. Denke sie so oft wie möglich. Ein gutes Beispiel wäre: „Ich entscheide mich dafür, mich erfolgreich zu fühlen und JETZT unbegrenzten Reichtum in mein Leben zu ziehen!"

12. Lebe das JETZT

Hast du dich jemals gefragt, was Zeit ist? Wenn du erst einmal die wahre Bedeutung der Zeit verstanden hast, wirst du nie wieder Sorgen, Ängste und Unglücklichsein erleben. Eigentlich ist Zeit nur eine Illusion.

„Egal wie hartnäckig die Illusion der Zeit ist, die Illusion von Vergangenheit, Gegenwart und Zukunft ist immer noch eine Illusion."

Einstein

Das wissenschaftliche Studium der Quantenphysik hat bereits bewiesen, dass der einzige Moment, der existiert, das JETZT ist! Es gibt keine Vergangenheit, keine Zukunft, es gibt nur einen Moment, und das ist der Moment des JETZT! Die Vergangenheit und die Zukunft sind nur Wahrnehmungen, die im menschlichen Geist existieren. Was du in der Vergangenheit oder in der Zukunft denkst, ist nur eine Illusion in deinem Geist.

Dies ist die einzige Zeit, die es gibt.

Die Illusion der Zeit lässt uns glauben, dass die Momente der Vergangenheit, Gegenwart und Zukunft voneinander getrennt sind. In Wirklichkeit geschehen sie alle jetzt. Alles geschieht JETZT! Wenn du nicht von dem Konzept des JETZT überzeugt bist, dann versuche doch einmal, etwas gestern oder morgen zu tun, genau jetzt. Das ist unmöglich. Denke einmal darüber nach: Wann erinnerst du dich an deine Vergangenheit? Du erinnerst dich an sie jetzt. Wenn du von deiner Zukunft träumst, träumst du sie jetzt. Es gibt keine Möglichkeit, die Vergangenheit oder die Zukunft zu erleben, denn sie existieren nicht wirklich, sie ist nur ein mentales Konzept.

Wenn du denkst, dass du in der Vergangenheit oder in der Zukunft bist, bist du in Wirklichkeit immer noch im Augenblick des Jetzt. Es gibt keine Trennung der Zeit, alles geschieht jetzt!

Wenn du wirklich im gegenwärtigen Moment des Jetzt lebst, wirst du überhaupt keine Probleme haben. All die sogenannten Probleme spielen sich in deiner imaginären Zukunft ab. Du erlebst sie in deinem Geist. Wenn du dich voll und ganz auf den gegenwärtigen Moment konzentrierst und mit dem umgehst, was zu bewältigen ist, wirst du nie ein Problem haben.

Ein weiser Mensch sagt: „Ich sorge mich nicht um die Vergangenheit, und ich habe keine Angst vor der Zukunft, weil mein Leben höchst konzentriert in der Gegenwart ist, und die richtige Antwort kommt zu mir, zu jeder Situation, wie sie auftritt." Dies ist das zeitlose Gewahrsein. Im zeitlosen Gewahrsein erlebst du keine Furcht, Angst und Sorge. Du bist im Fluss. Du bist eins mit der Quellenenergie.

Eine Möglichkeit, das zeitlose Gewahrsein zu erfahren, besteht darin, sich dafür zu entscheiden, im gegenwärtigen Jetzt zu leben. Beobachte deinen

Geist. Dein Verstand wird immer versuchen, dem gegenwärtigen Moment zu entkommen, denn der einzige Bezugspunkt, den er hat, ist die Vergangenheit. In dem Moment, in dem du erkennst, dass dein Geist dem gegenwärtigen Moment entflieht, kannst du ihn einfach beobachten, und du bist tatsächlich im gegenwärtigen Moment.

Da das JETZT der einzige Moment ist, der existiert, stellt sich die Frage, warum ich das erlebe, was ich jetzt erlebe, und nicht etwas anderes. Die Antwort auf diese Frage ist, dass du es dir ausgesucht hast. In diesem magischen Moment des JETZT geschehen unendlich viele Dinge, und du hast die freie Wahl, jedes davon zu erleben. Du hast deine Wahl getroffen, indem du einen Befehl an den „Universellen Geist" (oder nenne ihn „Kosmischer Geist", „Unendliche Intelligenz", „Quellenenergie" oder Gott) gesendet hast. Je nach deiner Gewissheit und Klarheit bringt der „Universelle Verstand" dir genau das, was du aussendest. An irgendeinem Punkt dieses Raum-Zeit-Kontinuums hast du deinen

Befehl ausgesandt, das Universum hat deine Anweisung aufgenommen und perfekt umgesetzt. Das ist genau das, was du jetzt erlebst.

Es ist wichtig, zu wissen, dass das Universum alle deine Anweisungen, ob gut oder schlecht, aufgreift und sie gleichermaßen bearbeitet. Es kann nicht für dich wählen. Du musst deine eigene Wahl mit Gewissheit und Klarheit treffen. Sobald du deine Wahl getroffen hast, lasse das Universum die Details regeln.

Wie lässt sich dieser Grundsatz in die Praxis umsetzen?

Beobachten Sie ständig deinen Geist. Konzentriere dich weiterhin auf den gegenwärtigen Moment des Jetzt.

Jedes Mal, wenn du dir Sorgen um die Zukunft machst, erinnere dich daran: „Das Jetzt ist die einzige Zeit, die existiert, die Vergangenheit und die

Zukunft sind nur eine Illusion, die in meinem Kopf existiert. Ich entscheide mich dafür, mich voll und ganz auf den gegenwärtigen Moment des JETZT zu konzentrieren!"

Übe täglich Meditation. Erfahre das zeitlose Bewusstsein.

13. Das höheren Selbst verstehen

Du wirst mir bestimmt zustimmen, dass wir nicht nur diese physische Form oder diesen Körper sind. Es gibt etwas in uns, das unsichtbar und ewig ist.

Bist du ein Körper mit einer Seele oder eine Seele mit einem Körper? Ich bin sicher, dass etwas in dir sagt, dass du eine Seele mit einem Körper sind.

Wir sind nicht nur diese physische Form, die wir sehen und anfassen können, wir sind viel mehr als das. In uns gibt es etwas Ewiges, das nie geboren wird und nie stirbt. Das ist deine Seele oder dein „höheres Selbst".

Hast du dir diese Fragen schon einmal gestellt? Woher kommen wir? Wer hat diese physische Welt, in der wir leben, geschaffen? Wenn wir einen Baum oder eine Blume sehen, sagt uns unser logischer Verstand, dass etwas im Inneren des Baumes den Baum erschaffen hat. Wir machen uns auf die

Suche nach der Lösung, und dann stellen wir fest, dass die Bäume aus einem kleinen Samen entstanden sind. Dann wissen wir, dass die Antwort in diesem Samen liegen muss. Wenn wir den Samen öffnen, sehen wir nur ein paar braune Stäbchen, dann nehmen wir dieses Zeug unter das Mikroskop und sehen einige Moleküle, dann sehen wir einige Atome. Schließlich legen wir es unter das stärkste Mikroskop und entdecken, dass es kein Teilchen gibt; es gibt nur Energie, die kommt und geht. Wie rätselhaft ist das! Wir versuchen, etwas zu finden, das den Baum erschaffen hat, und schließlich entdecken wir, dass es NICHTS ist.

Es ist dieses NICHTS, das den Baum geschaffen hat. Es schuf nicht nur den Baum, sondern auch unseren Körper. Wir kommen aus dieser Welt des Nichts. Am Anfang gab es nur Energie. Dies ist unser ursprüngliches Selbst; dies ist unser „höheres Selbst". Dies ist auch das Feld der Schöpfung und der Manifestation. Alles in diesem physischen Universum stammt aus demselben Energiefeld. Es ist dasselbe Energiefeld, das einen Wald, eine Galaxie oder einen Stern erschaffen hat, das einen menschlichen Körper erschaffen hat. Dies ist die Quelle der Schöpfung oder die Quelle der Manifestation. Das Wichtigste ist, dass du aus derselben Quelle stammst, und dass du tatsächlich diese Quelle selbst bist.

Es ist auch wichtig, zu erkennen, dass die Quellenenergie dimensionslos ist; sie hat keine Grenzen und ist untrennbar. Man hat uns gelehrt, dass wir alle getrennte Menschen sind, in Wirklichkeit sind wir alle eins, und das gesamte Universum ist eins.

Um dein höheres Selbst wirklich zu verstehen, musst du dir der Tatsache bewusst sein, dass du sowohl ein physischer Körper als auch ein nicht-physischer Körper bist. Dieser nicht-physische Körper ist dein höheres Selbst und dein wahres Selbst. Es ist ewig, und es stirbt nie. Halte einen Moment inne und frage dich, wer hier liest, wer beobachtet und wer denkt. Wer ist dieses „Ich" in diesem Körper, in dieser Haut, in diesen Knochen? Wenn du dieses „Ich" entdeckst, wirst du wissen, dass es dein wahres Selbst ist; es ist dein höheres Selbst.

Um dein höheres Selbst tiefer zu verstehen, musst du dir bewusst sein, dass du nicht das bist, was du beobachtest, sondern dass du der Beobachter bist. Dieser Beobachter in dir ist die Ursache für alles, was du beobachtest. Er ist der Ursprung von allem. Er ist die Quelle der Schöpfung.

Sobald du begreifst, dass du und die Quellenenergie eins sind, beginnst du zu erkennen, dass du der Schöpfer deines Lebens bist. Du beginnst zu wissen, dass du alles, was du dir vorstellen kannst, auch erschaffen kannst. Da die Quellenenergie dimensionslos ist, hat sie keine Grenzen, und du und die Quellenenergie sind eins, dann bist du dimensionslos und hast keine Grenzen. Du bist mit allem und jedem in diesem

Universum verbunden. Du bist durch dieses Energiefeld mit allem verbunden. Ich wiederhole: „Auf der Ebene der Energie sind wir alle verbunden. Auch wir und das, was wir uns wünschen, sind verbunden."

Nun sind wir zu der Erkenntnis gelangt, dass das, was wir uns wünschen bereits als eine Form von Energie existiert, in diesem riesigen Ozean der Quellenenergie. Was wir tun müssen, ist, diese Energie anzuziehen, indem wir dieselbe Energieschwingung aussenden. Solange du das tust, wird dein Wunsch garantiert in deinem Leben auftauchen. Wenn das nicht der Fall ist, bedeutet das, dass das universelle Gesetz versagt.

Wie lässt sich dieser Grundsatz in die Praxis umsetzen?

Sei der Beobachter, beobachte konsequent deine Gedanken. Nehme das unsichtbare „Selbst" in dir wahr. Frage dich immer wieder, wer denkt, wer beobachtet. Dann wirst du dein höheres Selbst erkennen.

Wann immer du ein Gefühl des Zweifels, der Sorge und der Angst hast, erinnere dich daran, dass du und die Quellenenergie eins sind. Deine Wünsche kommen auf der Energieebene durch die unumstößlichen universellen Gesetze zu dir.

Wiederhole: „Was ich suche, sucht mich".

Sieh die Welt als eins. Die göttliche Energie, die dich durchdringt, durchdringt alles. Sieh alles als einen Teil von dir. Weigere dich, irgendjemanden über oder unter dich zu stellen, sieh ihn stattdessen als dich.

14. Ursache und Wirkung

Das Prinzip von Ursache und Wirkung besagt, dass alles eine Ursache ist, die etwas Nachfolgendes verursacht, und dass alles eine Wirkung ist, die durch etwas Vorheriges verursacht wird.

Das Prinzip von Ursache und Wirkung ist das Grundprinzip des Universums, und es bestimmt alles, was jetzt geschieht. Es ist einfach, und es ist auch mächtig. Stelle dir vor, was aus dieser Welt ohne Ursache und Wirkung wird, das gesamte Universum wird nicht richtig funktionieren.

Das Prinzip von Ursache und Wirkung ist ein universelles Gesetz, das unumstößlich ist, genau wie das Gesetz der Schwerkraft. Wenn du es einmal verstanden hast und danach lebst, kannst du das Ergebnis vorhersagen und dein Schicksal buchstäblich selbst gestalten.

Da es für alles, was jetzt geschieht, eine Ursache gibt, stellt sich die Frage, was die Ursache für meine gegenwärtige Situation und meine Umstände ist. Viele Menschen glauben, dass ihr Zustand durch irgendeine äußere Kraft oder Situation verursacht wird, wie z. B. die wirtschaftliche Lage, die Inflationsrate usw. Was sie nicht erkennen, ist, dass der äußere Zustand nur ein Spiegelbild ihres inneren Zustands ist. Die wirklichen Ursachen für ihre gegenwärtigen Umstände sind ihre inneren Überzeugungen und ihr Denken. Erinnere dich daran, dass deine äußeren Bedingungen die Auswirkungen sind, du hast sie verursacht. Viele Menschen haben den Fehler gemacht, die äußere Welt, die die Wirkung ist, auf ihre innere Welt, die die Ursache ist, einwirken zu lassen. Sie haben buchstäblich die Ursache verstärkt; deshalb erleben sie mehr von den Wirkungen. Dann wundern sie sich, warum sie die gleiche Situation immer wieder erleben.

Lass dich von den äußeren Bedingungen nicht täuschen. Sie sind nur die Auswirkungen; du kannst sie einfach ändern, indem du dir Ursachen änderst, nämlich deine inneren Gedanken und Gefühle.

Wenn du dich umsiehst und feststellst, dass du Sorgen hast, lasse dich nicht von der Tatsache täuschen, dass du Sorgen hast. Erinnere dich stattdessen einfach daran, dass es nur ein Effekt ist, und konzentriere dich dann auf den Wohlstand. Die Situation wird sich schnell ändern und deinen inneren Fokus entsprechen. Du bist vielleicht schon sehr vertraut mit Sprüchen wie „Worauf du dich konzentrierst, dehnt sich aus" oder „deine beständigen Gedanken erschaffen deine Realität". Eigentlich sagen sie alle das Gleiche: Deine Gedanken verursachen alles, was du erlebst. Du musst sehr vorsichtig sein mit dem, was du denkst. Frage dich ständig: „Was ist die Auswirkung meines derzeitigen Denkens". Beobachte deine Gedanken von Moment zu Moment. Bringe deine Gedanken ständig mit deinen Wünschen in Einklang.

Woher weißt du, wann deine Gedanken mit deinen Wünschen übereinstimmen und wann nicht? Das kannst du feststellen, indem du einfach darauf achtest, wie du dich fühlst.

Wir haben ein präzises Überwachungssystem in unserem Körper eingebaut. Wenn deine Gedanken nicht mit deinen Wünschen übereinstimmen, wird dein Körper dir das mitteilen, indem er dir eine negative Emotion gibt. Wenn deine Gedanken mit deinen Wünschen übereinstimmen, wird dein Körper dir eine positive Emotion geben. Deshalb ist es so wichtig, dass du deine Emotionen von Augenblick zu Augenblick beobachtest. Du hast die Fähigkeit, jederzeit in einen positiven Gefühlszustand zu wechseln, solange du dazu bereit bist.

Eine der mächtigsten Techniken, die Dr. Robert Anthony entwickelt hat, heißt Flip Switch. Sie ermöglicht es dir, in jedem beliebigen Moment in einem hochschwingenden positiven Zustand zu bleiben und letztlich alles, was du dir wünschst, in dein Leben zu holen. Die Grundidee ist, dass du ein positives Schwingungssignal an das Universum aussenden kannst, indem du dich im Moment auf angenehme Gedanken konzentrierst, und es wird dir deine Wünsche bringen, die die gleiche Schwingungsfrequenz haben.

Jetzt, da du weißt, dass alles, was du erlebst, durch dein eigenes inneres Denken verursacht wird, musst du die Tatsache akzeptieren, dass du für alles, was in deinem Leben geschieht, ob gut oder schlecht, voll verantwortlich bist. Wenn du dich in einer schwierigen Situation befindest, gibt es niemandem außer dir selbst, um eine Schuld zu vergeben. Das Einzige, was du tun kannst, und das Beste, was du tun kannst, ist, deine Gedanken JETZT zu ändern.

Es ist egal, wie negativ deine Gedanken in der Vergangenheit waren oder in der Zukunft sind, du musst deine Gedanken JETZT ändern, denn du weißt bereits, dass JETZT die einzige Zeit ist, die existiert und die einzige Zeit, in der du deine Macht ausüben kannst.

Höre auf die Signale deines Körpers; er weiß, wann du auf dem richtigen Weg bist und wann nicht. Wechsel schnell in einen positiven emotionalen Zustand, wenn dein Körper dir ein negatives Signal sendet.

Denke immer daran, deine Schwingungen hochzuhalten.

Wie lässt sich dieser Grundsatz in die Praxis umsetzen?

Fragen dich sich immer wieder: „Welche Auswirkungen hat das, was ich jetzt denke?"

Beobachte konsequent dein eigenes Gefühl und ändern es in einen positiven Gedanken im Moment.

Wenn du in eine schwierige Situation geraten bist, sage dir: „Ich bin voll und ganz für alles verantwortlich, was mir jetzt passiert." Konzentriere dich dann auf die Lösung und nicht auf das Problem.

15. Du entscheidest, welches Leben du führen möchtest.

Sobald du dir selbst zu Protokoll gibst, was du möchtest, wirst du dazu neigen, das zu tun, was du gesagt haben. Das gesetzt der Anziehung wird dir zeigen, dass der Samen deiner Wünsche wachsen wird, wenn du selber daran glaubst und wenn du nicht aufgibst, sondern den Mut hast immer weiterzumachen. Kleine Verpflichtungen können dir helfen, Selbstgefälligkeit zu überwinden und erheblichen Mut aufzubauen.

Alles, was du brauchst, um ins Rollen zu kommen, ist, deinen Mund zu öffnen und zu sagen: „Ich werde es tun."
Schiebe deine Bedenken nicht vor dir her, sondern verpflichte dich, dich ihnen zu stellen. Wenn du Angst vor einer mündlichen Präsentation hast, verpflichten dich, eine Rede zu halten. Wenn du Angst vor Höhen haben, melden dich zu einem

Kletterkurs an. Wenn du Angst hast, ins Wasser zu gehen, melde dich zum Schwimmunterricht an. Denke daran, dass du dich allem, was du fürchtest, früher oder später stellen musst, auch dem Sterben selbst. Ängste blockieren dich bei deiner Wunscherfüllung und du hast die Möglichkeit, diese alle aus dem Weg zu räumen.

Wenn du versuchst, vom Gesetz der Anziehung zu profitieren, ist es äußerst wichtig, dass du dir die Zeit nimmst, zu verstehen und zu fühlen, dass du bereits viele Dinge im Leben hast. Du musst lernen, dem Universum dankbar zu sein für das, was es dir gegeben hat, und immer daran denken, dass es Menschen auf dieser Welt gibt, die viel weniger haben als du.

Das positive Gefühl deiner Dankbarkeit wird sich auf das Gesetz der Anziehung auswirken, also solltest du dieses Gefühl so oft wie möglich zeigen. Das folgende Kapitel behandelt die Bedeutung des Gefühls, das du hast, sowie die Bedeutung der Dankbarkeit und wie sie sich auf das Gesetz der Anziehung bezieht.

Seien Sie dankbar für das, was du hast.

Viele Menschen sind sich der Macht des Gesetzes der Anziehung bewusst und versuchen, ihr Leben so zu gestalten, dass es Gutes in ihr Leben bringt. Das Komische daran ist, dass sie oft einen der wichtigsten und einfachsten Schritte übersehen, die es gibt, um Segnungen durch das Gesetz der Anziehung zu erhalten. Das ist der Schritt, sich daran zu erinnern, dankbar zu sein und so zu fühlen, als ob man schon genug hätte. Das ist äußerst wichtig, denn das Universum wird diejenigen nicht belohnen, die es als selbstsüchtig ansieht und bei denen es nicht das Gefühl hat, dass sie seine Segnungen zu schätzen wissen. Selbst diejenigen, die sich an diesen Schritt des Anziehungsbewusstseins erinnern, entscheiden sich immer noch dafür, ihn zu vernachlässigen, und das hat niemals ein gutes Ergebnis.

Dankbarkeit kann fast augenblicklich jeden Aspekt des Lebens eines Menschen verändern. Dankbarkeit ist eine sehr kraftvolle Übung des Gesetzes der Anziehung und sollte so oft wie möglich praktiziert werden. Diese Übung wird dich in Harmonie mit dem Universum bringen und deine Schwingungen anheben.

Du wirst in deinem Leben Tag für Tag verschiedene Arten von Menschen sehen. Du wirst die Menschen sehen, die gesegnet zu sein scheinen, und du wirst feststellen, dass sie viele großartige Dinge in ihrem Leben haben, wie Glück, ein schönes Auto, ein schönes Haus und Geld. Und noch etwas wird dir auffallen: Sie sind dankbar für das, was sie haben. Auf der anderen Seite haben Menschen, die nicht so viel im Leben haben und nicht so glücklich zu sein scheinen, immer eines gemeinsam: Keiner von ihnen ist dankbar für das, was er hat. Wie bereits erwähnt, wird das Universum diejenigen nicht belohnen, die selbstsüchtig oder undankbar sind, also musst du sicherstellen, dass du immer dankbar für das bist, was du hast. Egal wie schlecht das Leben eines Menschen ist, er muss nur eine Sache in seinem Leben finden, für die er dankbar sein kann. Das Universum wird die Tatsache zur Kenntnis nehmen, dass du dankbar bist, sogar in schlechten Situationen, und das Gesetz der Anziehung wird dich für deine Dankbarkeit segnen.

Sich zu beschweren, führt nur zu Problemen in deinem Leben. Sich zu beschweren bedeutet, dass du denkst, dass es ein Problem mit etwas gibt, das im Universum vor sich geht. Das Problem dabei ist die Tatsache, dass das Universum weiß, dass es keine Probleme gibt. Das Universum weiß, dass alles, was geschieht, aus einem bestimmten Grund geschieht. Es weiß auch, dass alles, was in deinem Leben geschieht, ein Ergebnis deiner eigenen Handlungen, Emotionen oder Denkweise ist, und das alles hat mit dem Gesetz der Anziehung zu tun. Deshalb musst du das, was du hast, zu schätzen wissen und dankbar dafür sein, denn es ist alles ein Produkt deiner Entscheidungen.

Wenn du glaubst, dass die Dinge in deinem Leben im Moment schwierig sind, hast du wirklich keine Ahnung. Wenn du alles verlieren willst, was du derzeit hast, musst du dich nur so viel wie möglich beschweren. Das Universum schätzt es nicht, wenn Menschen sich über das beschweren, was sie haben, und wenn sie das tun, wird das nur negative Folgen haben.

Du kannst wirklich alles im Leben erreichen. Alles, was du tun musst, ist, an das Universum und an seinen Plan für dich zu glauben. Du wirst am Ende immer am selben Ort landen, egal welchen Weg du im Leben einschlägst. Wichtig ist, dass du dich für den einfachen Weg entscheidest, der dir Reichtum, Glück und andere Segnungen bringt, und nicht für den harten Weg voller Enttäuschungen und harter Zeiten. Der Trick, den einfachen Weg zu gehen, besteht darin, dass du dem Universum immer dankbar bist und jede Gelegenheit nutzt, das Universum wissen zu lassen, wie sehr du alles schätzt, was du hast. Wenn du das tust, wird das Gesetz der Anziehung sicherlich früher oder später Segen in dein Leben bringen.

Trau dich, dir Großes zu wünschen.

Wenn du Tapferkeit aufbaust, beginnst du, dein persönliches Leben zu verbessern. Der Aufbau von Tapferkeit wird dir helfen, Risiken für eine sonnigere Zukunft einzugehen, die du normalerweise nicht eingehen würdest. Wenn du Tapferkeit aufbaust, lässt du die Angst hinter dir.

Tapferkeit ist der Vorgang, zu akzeptieren, dass du Ängste hast, aber bereit bist, einen Weg zu finden, diese Ängste zu überwinden und nicht zuzulassen.

Es ist in Ordnung, seine Ängste zu vorteilhaften Zeiten zu spüren.

Wenn zum Beispiel ein Auto in deine Richtung kommt und ausweicht, hast du ein Recht auf Angst.

Es ist nichts falsch an gesunder Angst. Das Problem ist, dass du die gesunde Angst dort platzieren musst, wo sie hingehört, und die ungesunde Sorge aus deinem Leben verbannen musst. Das gesetzt der Anziehung kann nur funktionieren, wenn du es durch deine Ängste nicht selber ausbremst.

Wenn Sie erst einmal Mut aufgebaut haben, werden Sie lernen, Ihr Leben selbst zu steuern. Sie werden lernen, negative Erlebnisse und Enttäuschungen als Lebenserfahrungen hinzunehmen, ohne daran zu verzweifeln. Eine mutige Person wird sich häufig motiviert fühlen, Schuld und Verantwortung zu übernehmen, während sie ihre Handlungen kritisch hinterfragt und das Gelernte nutzt, um weiterzukommen.

Mutige Individuen werden nach vorne treten, anstatt sich zurückzuziehen, wenn sich ihnen Chancen bieten. Auf der anderen Seite wird ein mutiges Individuum zurücktreten und seine Fehler bedenken. Gelegentlich ist der mutige Mensch spontan. Es ist nie gut, jeden Tag zu planen, denn niemand weiß, was der nächste Tag bringen wird.

Überlegen einmal. Wie oft hast du schon etwas geplant, nur um dann festzustellen, dass es nicht funktioniert? Zum Beispiel hast du geplant, morgen zu einem Ballspiel zu gehen. Morgen kann ein Schneesturm, ein Hurrikan, ein Tornado, ein Windsturm oder ein Regensturm das ändern. Wie du siehst, ist das Entwerfen eines Planes nicht immer sofort umsetzbar, aber ein intelligenter Mensch verschiebt dann seine Pläne aber er würde sie niemals aus Enttäuschung völlig sein lassen. Vielleicht gehören Rückschläge bei deiner Wunscherfüllung dazu, um zu lernen, selber zu reifen und dann auch wirklich für diesen Wunsch reif genug zu sein. Du wirst durch das gesetzt der Anziehung bekommen, was du möchtest, aber du wirst auf diesem Weg auch in deiner Persönlichkeit reifen.

Eine Person, die bereit ist, ihr Leben zu verbessern, wird sich entspannen. Diese Person wird sich auch dann entspannen, wenn Pläne schiefgehen. Wenn es zum Beispiel am Tag des Ballspiels regnet, wird die Person etwas anderes finden, das sie tun kann, und sich darüber genauso freuen.

Um erfolgreich zu werden und dein Leben zu verbessern, musst du lernen, deinen Instinkten zu vertrauen. Wenn du das tust, kannst du auch anderen Menschen vertrauen. Leider leben wir in einer Welt, in der Vertrauen schwer zu finden ist. Doch wenn du deiner Intuition vertraust, kannst du anderen Menschen nicht die Schuld geben, wenn Dinge scheitern. Mutig zu sein bedeutet, sich seiner Ängstlichkeit mit der Kraft zu stellen, die aus seinen tiefsten Inneren kommt. Das gesetzt der Anziehung verlangt den Mut an dich selber und deine Fähigkeiten zu glauben, dann erreichst du deine Träume.

In dem Maße, in dem du dein Leben auf Realität, Zuneigung und Macht ausrichtest, wird der Griff der Angst nach dir allmählich nachlassen.

Realität hilft dir, die Fantasie der Ängstlichkeit zu durchschauen, sodass du in der Lage bist, die Kontrolle über dein Leben zu behalten. Zuneigung veranlasst dich dazu, deine Verbindungen zu intensivieren und den angstfreien Zustand der Einheit zu erreichen.

Und Macht liefert die Kraft, trotz Angst zu handeln und dabei Mut zu entwickeln. Egal, wie schwer es erscheinen mag, entscheide dich, dir deiner Ängste bewusst zu stellen. Wenn du Angst vor der Umsetzung deiner Wünsche hast, dann wird das Gesetz der Anziehung scheitern, weil du dir unbewusst genau dies wünschst.

Verabschieden dich nicht irgendwann von deinem Leben, ohne den waghalsigen Weg einzuschlagen, der für dein Leben vorgesehen war, weil du einfach zu ängstlich warst.

Du kannst bankrottgehen. Du kannst wiederholt Versagen und Ablehnung erleben. Du kannst mehrere schlechte Beziehungen erleiden.

Doch das sind alles Meilensteine auf dem Weg eines tapfer gelebten Lebens. Es sind die Hürden, die auf deinem Weg aufgebaut sind, um der Mensch zu werden, der sich seine Wunscherfüllung verdient hat und reif genug ist, dann dieses Leben auch leben zu können.

Feiere deine individuellen Triumphe, die einen tieferen Raum in dir schaffen, der mit einer Fülle von Freude, Glück und Erfüllung gefüllt werden kann.

Habe Angst, wenn es sein muss; dann bringe den Mut auf, deine Ziele trotzdem zu verfolgen. Das ist unbesiegbare Macht.

16. Positive und negative Schwingungen verstehen

Wie du bereits gelernt hast, ist die Eliminierung negativer Gedanken aus deinem Leben der Eckpfeiler sowohl der Kraft des positiven Denkens als auch des Gesetzes der Anziehung. Aber wie machst du das? Wie kannst du positive Gedanken denken und dich vom Negativen abwenden?

Nun, das ist ganz einfach. Du musst anfangen, deine Gedanken auf den Kopf zu stellen. Lerne, einen negativen Gedanken in einen positiven zu verwandeln. Ich werde dir ein paar Beispiele geben, mit denen du negative Gedanken in positive verwandeln kannst.

Negativbeispiel 1: „Warum hat ER die Beförderung bekommen? Das ist nicht fair!"

Positive Reaktion: „Ich wünschte, ich hätte diese Beförderung bekommen, aber ich werde dieses Jahr noch härter arbeiten, und nächstes Jahr werde ich eine bekommen."

Negativbeispiel Nr. 2: „Ich bin es so leid, arm zu sein! Wann wird das enden?"

Positive Antwort: „Ich möchte wohlhabend sein, also werde ich härter arbeiten, um Geld zu sparen, weniger auszugeben und mehr bei der Arbeit zu erreichen."

Negativbeispiel Nr. 3: „Ich gebe auf! Ich werde das nie richtig hinbekommen!"

Positive Reaktion: „Ich habe es noch nicht richtig hinbekommen. Aber wenn ich mich weiter anstrenge, werde ich es sicher sehr bald schaffen."

Negativbeispiel Nr. 4: „Ich bin so dumm. Warum habe ich das getan?"

Positive Reaktion: „Ich habe einen Fehler gemacht und fühle mich schlecht, aber ich werde daraus lernen, damit ich denselben Fehler nie wieder mache."

Wie du an diesen Beispielen sehen kannst, ist es einfach, eine negative Aussage in eine positive zu verwandeln. Du musst nicht einmal an die positive Aussage glauben, wenn du sie sagen. Wenn du sie ein paar Mal wiederholst, wirst du oft anfangen, sie zu glauben.

Positive Vibes (Stimmungen) werden aus guten Gefühlen erzeugt, wie zum Beispiel:

** Freude
** Liebe
** Aufregung

✱✱ Fülle (von allem, was eine positive Reaktion hervorruft)

✱✱ Stolz

✱✱ Freundschaft

✱✱ Vertrauen

✱✱ Zuneigung

Negative Schwingungen

Negative Schwingungen werden aus negativen Gefühlen erzeugt, wie zum Beispiel:

✱✱ Enttäuschung

✱✱ Einsamkeit

✱✱ Mangel (von allen Notwendigkeiten oder Luxusgütern)

✱✱ Traurigkeit

✱✱ Verwirrung

✱✱ Stress

✱✱ Wut

✱✱ Verletzungen

Was haben diese Schwingungen mit dem Gesetz der Anziehung zu tun?

Wie bereits erwähnt, ist das grundlegende Prinzip des Gesetzes der Anziehung der Glaube, dass Lebensenergie sich wie Energie anzieht. Dies bedeutet, dass eine Person, die positive Schwingungen ausstrahlt, gute Dinge anzieht und wenn sie negative Schwingungen ausstrahlt, werden sie schlechte Dinge anziehen.

„Du bist wie ein lebender Magnet, der alles anziehen kann, was du willst."

Du hast dieses Prinzip bestimmt schon in der Praxis beobachten können. Es gibt Menschen, die immer optimistisch und positiv wirken. Sie scheinen das Glück für sich gepachtet zu haben. Seltsamerweise scheint ihnen auch alles zuzufliegen und sich immer das Beste für sie zu ergeben.

Du kennst aber bestimmt auch Menschen, die sich ständig beschweren, denen nichts recht ist und sie der Meinung sind immer nur Pech im Leben zu haben.

Auf der anderen Seite hast du sicherlich jemanden gekannt, der es liebte, sich zu beschweren und auf die dunkleren Seiten des Lebens zu schauen, der immer etwas Neues zu beklagen schien, weil in seinem Leben immer etwas schieflief. Diese Beispiele zeigen, dass Menschen die Ergebnisse ihrer Energie anziehen.

„Denke daran, du ziehst zu deinem Leben alles an, worauf du deine Aufmerksamkeit, Energie und Konzentration richtest, ob gewollt oder unerwünscht." Michael J. Losier

Bedeutet das, dass all die schlimmen Dinge, die dir in diesem Leben passieren, darauf zurückzuführen sind, dass du sie unbewusst wolltest? Dies ist eines der häufigsten Argumente gegen das Konzept des

Gesetzes der Anziehung und oft am schwersten zu widerlegen, da die Leute noch nicht erkannt haben, dass das Gesetz der Anziehung kein Wunschtraum ist oder etwas, das sich jemand ausgedacht hat, während er auf seiner Veranda sitzt in eine heiße Sommernacht. Es ist eine Tatsache des Lebens, und seine Auswirkungen sind weitreichend.

Um deine Frage zu beantworten, nein, nicht alles Schlimme, das in deinem Leben passiert, ist das Ergebnis deines unbewussten Wunsches, dass es passiert. Manchmal ist es das Ergebnis, dass jemand anderes sich wünscht, dass es passiert. Um ein Beispiel von einer Website zu zitieren, die sich auf das Gesetz der Anziehung bezieht, wird ein missbrauchtes Kind oder Ehepartner nicht missbraucht, weil sie diesen Missbrauch gewollt haben. Dieser Missbrauch geschah, weil der Täter zuließ, dass sich seine negativen Gedanken über sein Kind oder seinen Ehepartner durch sein Unterbewusstsein schlichen, bis er schließlich begann, seine Handlungen zu diktieren.

Der Geist ist eine mächtige Sache, und wohin der Geist geht, werden bald die Füße folgen. Die Grundlage für jeden Erfolg, den Sie in der Lüge finden werden, ist nicht die Fähigkeit Ihres physischen Körpers, die Hindernisse zu überwinden, sondern Ihr Verstand zu glauben, dass ein Weg um sie herum führt. „Wo ein Wille ist, ist auch ein Weg." Wo Ihr Verstand glauben kann, dass es für den Körper einen Weg gibt, seinen Herzenswunsch zu erfüllen, gibt es einen Weg.

Wie kann ich das Gesetz der Anziehung anwenden?

Dies ist eine ausgezeichnete (und sehr wichtige) Frage. Schließlich nützt es dir nicht viel, das Gesetz der Anziehung zu kennen, wenn du nicht weißt, wie du es anwenden kannst, um in deinem eigenen Leben Erfolg zu haben. Sobald du die Grundlagen des Gesetzes der Anziehung beherrschst, kannst du es auf jeden Bereich deines Lebens anwenden.

1) Der erste Schritt, um durch das Gesetz der Anziehung Erfolg zu haben, besteht darin, die Verantwortung für die Dinge zu übernehmen, die in deinem Leben geschehen sind, sowohl im Guten als auch im Schlechten. Dies ist oft der schwierigste Teil des Erfolgs durch Manifestation, weil uns von Kindheit an beigebracht wird zu glauben, dass unsere Umwelt einen großen Teil zu den Umständen beiträgt, in denen wir uns befinden. Es ist sehr schwer, die Verantwortung zu übernehmen und die Tatsache anzuerkennen, dass deine Umgebung nicht der Hauptfaktor bei jedem dieser Ereignisse war; in vielen Fällen hast du niemanden außer dich selbst zu beschuldigen.

Um dir zu helfen, diese Ereignisse hinter dir zu lassen, nimm dir einen Moment Zeit und schreibe alle wichtigen Ereignisse in deinem Leben (wiederum sowohl gute als auch schlechte) auf ein Blatt Papier. Lasse unter jedem viel Platz. Nehme dir jetzt einen Moment Zeit, um zurückzugehen und diese Ereignisse zu überprüfen. Schreibe auf, wie du dich gefühlt hast, als sie passiert sind, wie du dich gefühlt hast, bevor sie passiert sind und welche Ereignisse davor stattgefunden haben. Wahrscheinlich wirst du feststellen, dass Ereignisse zu deinen Gunsten zu Zeiten stattfanden, in denen du eine positive Einstellung hattest und andere Dinge in deinem Leben richtig liefen. Auf der anderen Seite passierten Ereignisse, die sich ereigneten, wahrscheinlich gleichzeitig mit anderen Ereignissen in deinem Leben, die dazu führten, dass du eine negative Einstellung zum Leben hattest. Zufall?

2) Sobald du die Tatsache akzeptiert hast, dass du für dein eigenes Schicksal verantwortlich bist, ist es an der Zeit, einen Schritt weiterzugehen und zu bestimmen, was du an deinem Leben ändern möchtest. Möchtest du einen anderen Job finden? In ein neues Haus ziehen? Eine sinnvolle Beziehung ein-

gehen? Eine Beförderung erhalten? Bestimme die Dinge, die du erreichen möchten, und schreibe sie auf. Halte sie an einer gut sichtbaren Stelle fest;

ständig die erwarteten Ergebnisse deiner Bemühungen einsehen zu können, wird dir helfen, auf dem richtigen Weg zu bleiben. Im Wesentlichen frage dich mit der Erstellung dieser Liste das Universum nach dem, was du willst. Nimm dir die Zeit, darüber nachzudenken, damit es fest in deinem Kopf verankert ist, und halte deine Ziele fest; wenn du ein Ziel zu groß oder zu allgemein machst, ist dies eine fast sichere Garantie dafür, dass du es nicht erreichen kannst, weil du zu sehr damit beschäftigt bist, dir Gedanken darüberzumachen, wie du es erreichen wirst.

3) Erhöhe deine Schwingungen, damit sie alle positiv sind. Handel und fühle dich so, als ob du zuversichtlich bist dass das Endergebnis, auf das du hoffst, eintreten wird. Dies ist ein wesentlicher Teil des Gesetzes der Anziehung, denn es ist sehr ein-

fach, deinen Geist zu erlauben, zu all den Schwierig-keiten zu wandern, die dir beim Erreichen deiner Ziele begegnen kann. Dies wird dazu führen, dass deine Schwingungen negativ werden und eher gegen dich als für dich arbeiten.

4) Akzeptiere, dass das passieren kann. Oft ist dein Unterbewusstsein dein eigener Stolperstein; du wirst versuchen, dein Bewusstsein davon zu überzeugen, dass etwas passieren kann, während dein Unterbe-wusstsein gleichzeitig die Gründe herausfindet, dass es nie funktionieren wird.

Es wird empfohlen, diese Aussagen in der dritten statt in der ersten Person zu schreiben; es ist oft schwierig für den Verstand, etwas als Tatsache zu akzeptieren, wenn es in relativen Begriffen wie ich, ich oder mein formuliert ist. Wenn du beispielsweise versuchst, einen neuen Job zu finden, könntest du sagen: „Millionen von Menschen arbeiten jedes Jahr in Jobs, die sie glücklich machen." Wenn du eine bedeutungsvolle Beziehung eingehen möchten, könntest du sagen: „Millionen von Menschen auf der ganzen Welt haben ihren Seelenverwandten gefunden und sind jetzt glücklich in erfüllenden und harmonischen Beziehungen".

Der Zweck des Aufschreibens dieser Aussagen besteht darin, die negativen Schwingungen und Zweifel aus deinem Geist zu entfernen. Wenn du das Ergebnis nicht als Tatsache akzeptieren kannst, wird dein Unterbewusstsein ein anderes Ergebnis herbeizaubern, und es wird dieses Ergebnis sein, auf das sich dein Geist und dein Körper konzentriert; daher wird dieses Ergebnis zu deiner Realität werden und du wirst absolut sichergehen, dass das Gesetz der Anziehung hundertprozentig falsch ist.

Was kann das Gesetz der Anziehung für dich tun?

„Warum ist wahrer Erfolg so relativ mühelos? Man könnte ihn mit dem Magnetfeld vergleichen, das von einem elektrischen Strom durch einen Draht erzeugt wird. Je höher die Stromstärke, desto größer das Magnetfeld, das er erzeugt. Und das Magnetfeld selbst beeinflusst dann alles in seiner Gegenwart."

David R. Hawkins, MD, Ph.D.

Das Gesetz der Anziehung kann dir dabei helfen, den Verlauf deiner Zukunft und die Erfolge oder Misserfolge, die dir dabei begegnen, zu bestimmen.

Arbeit

Betrachten wir für einen Moment die Möglichkeiten des Gesetzes der Anziehung, wenn es auf deine Arbeitsumgebung angewendet wird. Für diejenigen, die auf der Suche nach einem Job sind, kann es unmöglich sein, einen zu finden, der zu ihnen passt. Liegt das daran, dass es einen solchen Job nicht gibt oder weil sie in ihrem Unterbewusstsein glauben, dass sie keine Arbeit finden werden und folglich so viel negative Energie ins Universum freisetzen, dass sie diese Jobs tatsächlich vertreiben??

Jeder, der schon einmal versucht hat, eine Stelle zu suchen (oder jemanden kennt, der es war), weiß, dass man eine drastisch bessere Chance hat, eine Erwerbstätigkeit zu finden, wenn man bereits anderswo beschäftigt ist, als wenn man arbeitslos ist. Für jemanden, der seinen Job verloren hat und derzeit arbeitslos ist, mag es einfacher erscheinen, den Mount Everest zu besteigen, als das erste wichtige Interview zu führen. Job für Job scheint es einfach nicht zu interessieren, was sie zu bieten haben.

Warum ist das so? Es kann sicherlich nicht daran liegen, dass es keine Beschäftigungsmöglichkeiten gibt; schließlich hätte man sich wahrscheinlich nicht auf die Stelle beworben, wenn die Stelle nicht bereits dem Interesse an der Rekrutierung neuer Mitarbeiter deutlich gemacht hätte. Warum sind die Menschen dann Monate oder gar jahrelang arbeitslos?

Die Antwort darauf ist, dass sie oft glauben, dass sie keine Arbeit finden werden, und deshalb haben sie aufgehört, es zu versuchen. In ihrem Unterbewusstsein glauben sie nicht wirklich, dass ihre Bemühungen Früchte tragen werden, und so projizieren sie diese negative Energie überall um sie herum.

Auf der anderen Seite ist eine Person, die bereits einen Arbeitsplatz hat, sicher und zuversichtlich, eine Stelle zu finden und sie gutzumachen; schließlich hat jemand sie offensichtlich für würdig genug gehalten, sie überhaupt einzustellen (und zu behalten), und die Chancen stehen gut, dass sie, wenn sie nach einem neuen Job suchen, weil sie von ihren Fähigkeiten genug überzeugt sind, dass sie glauben, dass sie einen neuen Job verdienen Job, der sie besser behandelt/mehr bezahlt/ anregendere Arbeit bietet/usw.

Es ist dieses stille Vertrauen, das dazu führt, dass die Auswirkungen des Gesetzes der Anziehung offensichtlich werden. Da du diese positive Energie um dich herum projizierst, wirst du auch positive Energie anziehen und den Job anziehen, den du wirklich willst. Erinnerst du dich, als du oben deine Ziele aufgezählt hast und du akzeptieren musstest, dass sie eintreten könnten?

Die Chancen stehen gut, dass auch du mehr von deiner Karriere erwarten darfst, als du jetzt hast; wenn nicht, müsstest du dies wahrscheinlich nicht lesen, da du offensichtlich bereits die Fähigkeit beherrschst, dein eigenes Schicksal zu bestimmen. Wenn du immer noch nach dieser goldenen Gelegenheit suchst, bitte das Universum darum, dann lehne dich zurück und warte, sicher im Wissen, dass das universelle Gesetz der Anziehung dir alles vor deine Haustür bringen wird. Es mag nicht heute sein, es mag nicht morgen sein, aber es wird passieren.

Sagen wir, dass du mit deinem Job zufrieden bist, aber eine Beförderung anstrebst. Schließlich möchte niemand für immer in derselben Position bis zu seiner Rente bleiben. Zumindest macht dies nicht so viele Menschen auf Dauer glücklich.

Um die Beförderung zu bekommen, von der du träumst, musst du als Erstes alle Zweifel aus deinem Kopf entfernen. Gehe hundertprozentig sicher in das Vorstellungsgespräch, dass die Stelle dir gehört. Denke daran, wenn du immer noch in der Überzeugung lebst, dass die Position möglicherweise über dir liegt, und du nicht sicher bist, ob du über die erforderlichen Fähigkeiten verfügst, um die Position zu besetzen, bist du absolut richtig.

„Wir sind unbegrenzte Wesen … wir haben keine Obergrenzen."

Michael Beckwith

Das gleiche Prinzip kann auch auf die Eröffnung eines neuen Geschäfts angewendet werden. Wenn du jemals auf eine Schule gegangen bist, hast du wahrscheinlich die Lektion erhalten, was in einem Vorstellungsgespräch zu tun ist und was nicht. Eines der größten Verbote im Interviewprotokoll besteht darin, dem Interviewer zu zeigen, dass du nervös bist. Indem du dem Interviewer zeigst, dass du Vertrauen in deine Fähigkeit hast, jeden Job zu bewältigen, den er dir vorstellt, steiger das deinen Wert als Mitarbeiter in seinen Augen.

Das Gleiche gilt für alle Versuche, ein Geschäft zu eröffnen. Wenn du potenzielle Investoren ansprichst, ist es wichtig, dass du hundertprozentiges Vertrauen in dich und dein Unternehmen hast, um sicherzustellen, dass diese bereit sind, ein Risiko einzugehen.

Ist dieses Bedürfnis nach absolutem Vertrauen nur ein Zufall oder ist es das Gesetz der Anziehung? Indem du Vertrauen in deine Fähigkeiten hast, sendest du positive Energie in das Universum und ziehst folglich die derzeit im Universum vorhandenen positiven Energien zu dir zurück.

Es ist unmöglich, die Bedeutung der Schwingung positiver Energie zu betonen, wenn du über das Gesetz der Anziehung sprichst, und du wirst dieses Thema in allen diesbezüglichen Gesprächen wiederholt sehen. Die Freisetzung positiver Energie in das Universum ermöglicht es dir, den Verlauf deines Schicksals auf einem starken Weg zum Erfolg zu bestimmen, anstatt auf einem welligen Weg der Unsicherheit, der dich schließlich ins Unglück führen wird, entweder durch das Versagen, die Ziele zu erreichen, für die du so hart gearbeitet hast oder durch das ständige Auf und Ab deines Lebens, ohne sicher zu sein, was dominieren wird.

Liebe und Familie.

Es gibt zwei Teile des Lebens, die die Menschen im Allgemeinen versuchen, zu ändern; ihr Arbeitsumfeld und die Beziehungen, die sie zu ihren Familien und ihren Bezugspersonen haben. Du fragst dich vielleicht: „Kann mir das Gesetz der Anziehung wirklich helfen, Beziehungen zu den Menschen aufzubauen, die ich liebe, und zerbrochene Zäune zu reparieren?"

Die Antwort lautet: absolut! Die Menschen, die du liebst, werden von demselben Auf und Ab der Energie regiert wie du selbst, und als solche werden ihre Energien auf natürliche Weise von Energien angezogen, die von einer anderen Person ausgestrahlt werden. Wenn du positive Energien und

Emotionen erschaffst, werden sie in gleicher Weise reagieren. Es ist einfach der Lauf der Welt.

Betrachten wir zuerst deine Familie, denn mit der Familie gibt es bereits eine unterschwellige Bindung, die dir von Anfang an hilft, deine Beziehung zu verbessern. Es gibt viele Gründe, warum Familienmitglieder in Konflikt geraten können. Es ist nicht unbedingt eine Voraussetzung, dass du die Menschen, die dich lieben, auch magst.

Unabhängig von den Gründen, warum du und deine Familie Streit hatten, ist es nie gut, Beziehungen so eitern zu lassen. Du musst sie reparieren, um wahre Gelassenheit und Harmonie in deinem Leben zu erreichen (hast du schon bemerkt, wie eng das Gesetz der Anziehung mit anderen Gesetzen des Universums zusammenwirkt?). Um eine zerbrochene Beziehung zu reparieren, musst du zunächst darauf vertrauen, dass du nicht nur in der Lage sein wirst, die zerbrochenen Beziehungen zu reparieren, sondern dass du es wirklich willst.

Es ist sehr einfach, gegenüber den Menschen um dich herum ein Lippenbekenntnis abzugeben, ihnen zu sagen, dass du deine zerbrochenen Zäune reparieren möchtest (und natürlich oft die Tatsache, dass sie kaputt sind, auf die andere beteiligte Partei zu schieben), wenn du in Wirklichkeit weiter den Fleck der Abneigung trägst, den du gegenüber der fraglichen Person hast. Du willst deine Zäune nicht wirklich flicken, oder wenn ja, hast du noch nicht losgelassen, was die Trennung überhaupt verursacht hat.

Deinen Groll loszulassen ist eine wesentliche Zutat, um Harmonie zu finden, denn damit das Gesetz der Anziehung deinen Weg ebnen kann, musst du dich zuerst von all der negativen Energie befreien, die du ihnen bisher geschickt hast. Es ist wichtig, dass du

die Tatsache akzeptierst, dass du vergeben und ver-
gessen kannst, damit du dein Leben in einer viel
glücklicheren Beziehung fortsetzen kannst, als du es
bisher erlebt hast.

Der Prozess, einen Lebensgefährten anzuziehen, ist
ähnlich. Damit das Gesetz der Anziehung den Partner jedoch anziehen kann, musst du bei deiner
Anfrage an das Universum sehr genau sein, was für
eine Beziehung du suchst.

Dies bedeutet nicht, dass du die Haarfarbe, die
Augen, den politischen Hintergrund oder die Position
in der Gesellschaft angeben sollst. Denke daran,
das Gesetz der Anziehung bedeutet, dass dein
Unterbewusstsein von einem anderen Unterbewusstsein angezogen wird, und Politik wird dort
nicht von vorrangiger Bedeutung sein. Konzentriere
dich stattdessen auf die Art von Werten, die für dich
wichtig sind, die Art der Beziehung, die du teilen
möchten (möchtest du heiraten, dich beiläufig ver-
abreden usw.) sowie auf Persönlichkeitsmerkmale,

die für dich besonders wichtig sind. Dann erlaube dir, zu glauben, dass es diesen Menschen wirklich für dich geben wird.

Der letzte Schritt ist hier der wichtigste. Wie in dem von uns verwendeten Beispiel bezüglich der Fähigkeit einer Person, eine Anstellung zu finden, führt der Glaube, dass eine Beziehung mit der Person deiner Träume für dich unerreichbar ist, dazu, dass du absolut richtig liegen wirst. Erinnere dich daran, dass jeden Tag Hunderte von Männern und Frauen ein Leben mit der Person ihrer Träume aufbauen. Es gibt keinen Grund für dich, von dieser Nummer ausgeschlossen zu werden. Also sei dir sicher!

Es ist wichtig, dass du bereit bist, Geduld zu haben, damit die gewünschten Ergebnisse eintreten, sobald du eine Anfrage für einen Lebensgefährten an das Universum gestellt hast. Das Warum und warum wird etwas später ausführlicher diskutiert, aber lass uns zunächst das Offensichtliche betrachten. Das

Universum wird dir nicht immer genau das geben, was du willst, genau dann, wenn du es willst. Es tut Dinge zu seiner Zeit.

Stelle dir nun vor, dass du das Universum gebeten hast, dir den Mann oder die Frau deiner Träume zu geben, aber du wirst ungeduldig, weil sie/er innerhalb weniger Monate nach der Anfrage noch nicht zu einem Teil deines Lebens geworden ist. Du fängst an, mit jemand anderem auszugehen, und dieser andere beginnt, deinen Verstand und deine Aufmerksamkeit zu beschäftigen, bis diese Person alles ist, was du siehst. Sie ist jedoch nicht die Person, um die du das Universum gebeten hast; sie/er ist einfach jemand, der die Zeit bis zum Eintreffen dieser Person füllen soll.

Im Laufe der Zeit, in der du mit dieser anderen Person zusammen bist, hast du jedoch viele neue Leute kennengelernt. Diese neuen Menschen sind Schatten, die in dein Leben ein und aus gehen, weil sie/er nicht diese neue Person ist, mit der du begonnen hast, auszugehen. Was würdest du tun, wenn die Person, auf die du gewartet hast, du jetzt nicht mehr erkennst? Was wäre, wenn diese Person

auch nach dir gesucht hätten, du sie aber nicht erkannt hätten, weil du so beschäftigt warst, dich zu beschäftigen, bis sie/er dort ankam? Das bedeutet nicht in seinem Kämmerlein Trübsal zu blasen und zu warten ...

Es ist nur wichtig, dass du weder deinen Geist noch dein Herz aufgrund äußerer Ablenkungen dem Universum verschließen. Dies ist der fatalste Fehler, den du machen kannst, denn es bedeutet, dass du das Vertrauen in die Fähigkeit der Energien deines Geistes verloren hast, mit den Energien der Natur zu interagieren, um dir die gewünschten Ergebnisse zu bringen, und die negativen Energien, die aus diesen Gedanken erzeugt werden wird dazu führen, dass die Person deiner Träume von dir weggeht, bevor du überhaupt weißt, dass sie da ist.

Wann funktioniert das Gesetz der Anziehung nicht?

Wie du aus den vorherigen Abschnitten erfahren haben, funktioniert das Gesetz der Anziehung nicht immer so, wie es alle Beteiligten gerne hätten. Warum das? Schließlich ist das Gesetz der Anziehung universell, warum funktioniert es nur zeitweise?

Die Antwort darauf findet sich in den Köpfen der Menschen, die versuchen, sie zu ihrem eigenen Vorteil zu nutzen. Das Einzige, was zwischen dir und dem Erfolg steht, bist du selbst. Wenn der Geist mit so viel negativer Energie verstopft ist, dass er die positiven Schwingungen nicht freisetzen kann, die die positiven Energien des Universums anziehen, wird das Gesetz der Anziehung dir nicht helfen können. Du musst dich zuerst von all diesen negativen Schwingungen befreien und neu anfangen.

Häufige Fehler

Wie bei jeder Fertigkeit braucht es Zeit, Mühe und Hingabe, um das Gesetz der Anziehung in dein Leben wirklich zu meistern. Es gibt eine Reihe von Faktoren, die dazu führen können, dass sich das Gesetz auf eine Weise verhält, die du vielleicht nicht erwartet hast, die fast alle auf die Fähigkeit des Benutzers zurückzuführen sind, die für den Erfolg die erforderlichen Richtlinien unbedingt einhalten muss.

Glücklicherweise sind die Fehler, die bei der Anwendung des Gesetzes der Anziehung gemacht werden, so universell wie du bist und daher sehr leicht zu erkennen und zu korrigieren.

17. Die fünf häufigsten Fehler

1) Zu glauben, dass positives Denken ausreicht, um das anzuziehen, was du willst.

Positives Denken findet nur auf der bewussten Ebene statt. Deshalb reicht positives Denken nicht aus, um das Gesetz der Anziehung in Kraft zu setzen. Es ist notwendig, dass der Glaube auch in das Unterbewusstsein eindringt.

Der Geist operiert immer auf zwei Ebenen, dem Unterbewusstsein und dem Bewusstsein. Das Bewusstsein erhält zu jeder Zeit Hunderte von Informationen aus allen fünf Sinnen. Dies ist eine unglaubliche Menge an Informationen, die selbst von einem so fortschrittlichen Werkzeug wie dem menschlichen Gehirn verarbeitet werden müssen. Der Verstand würde langsam verrückt werden, wenn er die ganze Zeit mit all diesen Informationen umgehen müsste.

Stattdessen entwickelte der Verstand den bewussten Verstand, der als Filter dient, um die ihm von den Sinnen gesendeten Informationen zu überprüfen und alles aufzubewahren, was es für wichtig hält. Alles, was es nicht für wichtig hält, wird an das Unterbewusstsein weitergegeben. Es ist das Unterbewusstsein, das diese Informationen speichert und als Wächter der verdrängten Erinnerungen fungiert, bis diese Erinnerungen wieder benötigt werden.

Es wird seit langem angenommen, dass das Unterbewusstsein einen direkten Einfluss auf die Handlungen und Überzeugungen des Bewusstseins hat. Ein Thema, auf das später noch ausführlicher eingegangen wird. Für den Moment reicht es, auszusagen, dass, wenn das Bewusstsein, versucht positive Gedanken zu denken, während das Unterbewusstsein eine negative Energie behält, werden sich die beiden gegenseitig aufheben und der gewünschte Effekt wird nicht erreicht.

2) Ungeduldig werden.

Das Universum arbeitet mit seiner eigenen Geschwindigkeit; Denke daran, dass jede Aktion eine gleiche und entgegengesetzte Reaktion mit sich bringt. Es ist wichtig, dass die anderen Umgebungsbedingungen stimmen, damit ein Ereignis so ablaufen kann, wie es sollte.

Dies bedeutet, dass das Gesetz der Anziehung Wochen, Monate oder sogar Jahre brauchen kann, um eine fruchtbare Reaktion auf die Wünsche eines einzelnen Individuums zu bewirken. Die Menschen der heutigen Gesellschaft sind verwöhnt; sie wollen, was sie wollen, und sie wollen es jetzt. Eine neue Theorie, die keine sofortigen Ergebnisse hervorbringt, wird selten mit großer Zustimmung aufgenommen werden.

Darüber hinaus ist es ein direkter Verstoß gegen die erforderlichen Richtlinien, wen du Sie nicht an das

Gesetz der Anziehung glaubst, weil es nicht deinen festgelegten Zeitplänen entspricht (schließlich wird nie genau gesagt, wann all diese wunderbaren Belohnungen geerntet werden, nur dass sie es werden). Positive Ergebnisse an und für sich zu sehen. Du hast das Gesetz lediglich getestet, um zu sehen, ob es zu Ergebnissen führt. Wenn du dich auf die Fähigkeit verlassen würdest, die gewünschten Ergebnisse zu erzielen, würden du dich zufriedengeben und warten, da du weißt, dass das, was du am meisten willst, rechtzeitig zu dir kommt.

Andererseits bedeutet die Tatsache, dass du es nicht bist, dass du nicht darauf vertraust, dass die gewünschten Ergebnisse erzielt werden können. Das bedeutet, dass sich irgendwo in deinem Wesen ein Körnchen negativer Energie befindet, das ausreicht, um einen Schraubenschlüssel in den ganzen

Prozess der positiven Anziehung zu werfen. Denke daran, wenn du negative Energie erzeugst, ziehst du negative Energie zurück auf dich selbst.

3) Bestimme im Voraus, wie und wann du das anziehst, was du willst.

Lass das Universum arbeiten! Es ist möglich, sich so auf das zu konzentrieren, was deiner Meinung nach passieren wird, dass du es schaffst, das Ereignis völlig zu übersehen, wenn es eintritt, wenn es nicht genau so eintritt, wie du es dir vorgestellt hast.

Wie wir bereits sagten, wählt das Universum seine eigene Zeit und seinen eigenen Ort für alles, was geschehen soll, und diese Ereignisse können auf ziemlich ungewöhnliche Weise stattfinden. Indem du genau bestimmst, wie du die Belohnungen erhalten möchtest, die du suchst, nimmst du der Natur die Wahl, die das Auf und Ab der Lebensenergien lenkt.

Indem du die Fähigkeit zur Wahl auf dich nimmst, sagst du im Wesentlichen, dass du nicht an die Fähigkeit des Gesetzes der Anziehung glauben, die gewünschten Ergebnisse mit der Zeit zu erzielen;

auch hier werden Sie, indem Sie Ihre eigene Zeitachse für das Eintreten von Ereignissen festlegen, irgendwann an das Gesetz der Anziehung nicht glauben (schließlich hat es nicht das getan, was es sollte, oder?), was Ihr Unterbewusstsein dazu bringen wird, das auszustrahlen negative Energie, die die positive Energie vertreibt.

4) Erlaube deinen Emotionen, von externen Beweisen geleitet zu werden.

Um den vollen Nutzen aus dem Gesetz der Anziehung zu ziehen, müssen Sie glauben, dass das, was Sie jetzt sehen, das Ergebnis dessen ist, was Sie bis jetzt angezogen haben. Auch hier ist es wichtig, dass Sie erkennen, dass das, was in Ihrem Leben bis jetzt passiert ist und was später passieren wird, von Ihnen bestimmt wird. Welche Erfolge oder Misserfolge Sie auch immer erlebt haben, waren das

Ergebnis der Energien, die Ihr Geist und Ihr Körper in das Universum entlassen haben.

Es ist sehr einfach, die Ereignisse Ihres Lebens zu betrachten und zu denken: „Ich wollte das ganz bestimmt nicht; das Gesetz der Anziehung muss unwahr sein, denn ich würde mir nie etwas so Schreckliches wünschen." Was Sie erkennen müssen, ist, dass es nicht immer das ist, was Ihr Bewusstsein sich wünscht, das beeinflusst, was Ihr Unterbewusstsein projiziert.

Was uns zum fünfthäufigsten Fehler führt.

5) Begrenzende Glaubenssätze nicht entfernen.

Es gibt viele Gelegenheiten, in denen Menschen in einen selbstzerstörerischen Kreislauf verfallen, weil sie nicht in der Lage sind, die Gedanken und Einstellungen ihres Unterbewusstseins zu kontrollieren. Ein gängiges Argument gegen das Gesetz der

Anziehung lautet: „Warum gibt es so viel Leid auf der Welt, wenn Menschen die Möglichkeit haben, die Ereignisse ihres Lebens zu bestimmen?" Nein, diese Leute haben sich nicht für ein Leben in Hunger und Knechtschaft entschieden. Aufgrund ihrer Geschichte glauben viele von ihnen jedoch nicht wirklich, dass sie eine Wahl haben.

Dieser Unglaube an ihre Fähigkeit, ihre Lebensumstände zu ändern, weil „es so war, wie es immer war" bedeutet, dass sie weiterhin so leben werden. Ihr Unterbewusstsein projiziert weiterhin diesen Unglauben und diese negative Energie in das Universum und zieht negative Energie zurück, was dazu führt, dass sie weiterhin in diesem selbstzerstörerischen Kreislauf von Ereignissen leben.

Es sind diejenigen, die zu träumen gewagt haben und an die Möglichkeiten glauben, die diese Träume bieten, die die größten Veränderungen in der Welt bewirkt haben. Glaubst du, wenn die Kolonisten wirklich geglaubt hätten, dass sie nie frei von den Briten sein würden, hätten sie den revolutionären Krieg gewinnen können? Wenn Henry Ford nicht wirklich geglaubt hätte, dass der Mensch in einem Auto fahren kann, glauben Sie, dass das Modell T erfunden worden wäre? Wenn Frauen wirklich glaubten, dass sie dazu bestimmt wären, den Rest ihres Lebens unter der Kontrolle ihrer Väter und Ehemänner zu verbringen, ohne ein Mitspracherecht über das Leben, das sie verlassen würden, wäre dann die Befreiung der Frauen erfolgt?

Die Beseitigung einschränkender Glaubenssätze wie dieser ist für die Fähigkeit des Gesetzes der Anziehung, so zu wirken, wie es beabsichtigt ist, absolut entscheidend. Wenn du wirklich das Gefühl hast, dass das Gesetz der Anziehung bei dir

Nicht funktioniert, nimm dir sich einen Moment Zeit, um über die Dinge nachzudenken, die du dir wünschst.

Um die positiven Schwingungen zu projizieren, die notwendig sind, um die Energien des Universums an sich zu ziehen, ist es wichtig, dass du dir deiner Fähigkeit, eine Veränderung zu bewirken, hundertprozentig sicher bist, und bereit bist zu glauben, dass alle Ereignisse, die bis zu diesem Zeitpunkt aufgetreten sind, waren eine notwendige Voraussetzung für die Durchführung dieser Veranstaltungen.

Der Schlüssel zum Gesetz der Anziehung ist die ANNAHME DEINER Verantwortung.

18. Schritt-für-Schritt-Anleitung zum Manifestieren deiner Wünsche

Der Erfolg, das Glück und die Erfüllung, die du im Leben erfährst, sind genau proportional zu deinem Bewusstseinsniveau. Unser ganzer Lebenszweck besteht darin, zur höchsten Ebene des Bewusstseins zu erwachen, die manchmal Erleuchtung genannt wird. Die einzige Aufgabe für uns im Leben ist es, unser Bewusstsein durch die Erfahrung des Lernens, Arbeitens und Lebens zu schärfen.

Der schnellste Weg, etwas aus der unsichtbaren Welt in die physische Welt zu bringen, ist das Studium der universellen Gesetze. Wir sollten die ganze Zeit studieren, nicht nur einmal. Wir müssen aus diesen Gesetzen einen Sinn ergeben und sie zu einem Teil unseres täglichen Denkens machen, sie zu einem Teil von uns machen. Sobald dies geschieht, bist du wirklich erleuchtet. Es gibt keinen Kampf mehr in deinem Leben, dein Leben wird zu einem einfachen und stressfreien Prozess der Schöpfung. Du bittest einfach, und es wird dir gegeben, du gibst einfach, und du erhältst mehr.

Wissen und Verstehen sind zwei verschiedene Dinge. Das Verstehen kommt von deinem bewussten Verstand, aber das Wissen kommt von deinem „über bewussten" Verstand, der mit der höchsten Intelligenz des Universums verbunden ist. Um diese Gesetze wirklich zu kennen, musst du dich immer wieder daran erinnern. Du musst sie studieren, über sie nachdenken, dich ständig an sie erinnern, bis sie zu deiner zweiten Natur werden. Dann wird die Erleuchtung eintreten.

1.: Definieren deine wichtigsten Ziele klar.

Wenn du nicht weißt, was du willst, kann das Universum dir nicht helfen. Sage deutlich, was du dir wünschst, sage es konkret. Dein Ziel in Form einer Absicht zu schreiben, scheint immer zu helfen.

Beispiele

„Ich beabsichtige, 20.000 Euro pro Monat zu verdienen".

„Ich habe vor, meinen Seelenverwandten in mein Leben zu holen."

2.: Entwerfe eine gute Affirmation für jedes Ihrer Ziele.

Deine Affirmation muss glaubwürdig sein und der Wahrheit entsprechen. Es ist immer hilfreich, emotional auslösende Worte zu verwenden.

Beispiel

„Ich entscheide mich, jetzt 100.000 Euro zu manifestieren. Ich akzeptiere dies oder etwas Besseres."

Wenn du die Worte „Ich wähle" verwenden, verleiht das deiner Affirmation zusätzliche Glaubwürdigkeit. Füge deinen Affirmationen immer die Worte „Ich akzeptiere dies oder etwas Besseres" hinzu.

Indem du das Wort „Jetzt" benutzt, löst du deine Schöpferkraft aus, denn das Jetzt ist die einzige Zeit, die existiert, und die einzige Zeit, in der du deine Schöpferkraft ausüben kannst. Jetzt ist der einzige Zeitpunkt, an dem eine Manifestation stattfindet. Indem du „JETZT" sagst, sagst du die Wahrheit. Mach dir nicht selbst etwas vor, indem Sie sagen: „Aber ich sehe die 100.000 Euro nicht…". Was du siehst, ist eine Illusion, du hast die 100.000

Euro bereits auf der Energieebene, du sagst die Wahrheit.

3.: Programmiere die Affirmationen in dein Unterbewusstsein.

Sobald dein Unterbewusstsein die Affirmation als Wahrheit akzeptiert, wird sie sich umsetzen.

Du hast gehört, dass deine beständigen Gedanken zu deiner Realität werden. Die Affirmation ist eine der wirksamsten Methoden, um etwas, das du dir wünschst, zu deinen beständigen Gedanken werden zu lassen.

Damit dein Unterbewusstsein deine Affirmation schnell als Wahrheit akzeptiert, musst du es geduldig überzeugen, indem du ihm immer wieder die Wahrheiten sagst.

Hier ist die Wahrheit, an die du sich jedes Mal erinnern musst, wenn du deine Affirmation sagst.

„Auf der tieferen Ebene bin ich mit der höchsten Intelligenz des Universums verbunden, die alles in der physischen Welt erschaffen hat und noch erschaffen wird. Daher habe ich die Macht, alles zu erschaffen, was ich mir wünsche, und zwar jederzeit. Ich bin die Quelle von allem. Jetzt entscheide ich mich dafür, dass sich meine Wünsche in meiner Welt manifestieren."

4.: Beobachte deine Gedanken Moment für Moment und halte den Zustand des Seins.

Der Verstand hat immer die Tendenz, negativ zu denken, das liegt in der Natur des Menschen; es ist das Ergebnis der menschlichen Evolution. Dieses negative Muster hat uns während des Evolutionsprozesses geholfen, indem es uns auf die Gefahren aufmerksam gemacht hat, aber es ist auch unser größter Feind auf unserem Weg zur Erleuchtung geworden. Glücklicherweise hat Gott uns ein inneres Leitsystem gegeben, das uns auf jeden negativen Gedanken aufmerksam macht. Dieses Leitsystem ist unser Gefühlssystem. Jedes Mal, wenn du einen negativen Gedanken hast, wirst du eine negative Emotion empfinden. Das ist sehr, sehr genau. Wie du bereits gelernt hast, ist dein Gefühl deine Kommunikation mit dem Universum. Jedes Mal, wenn du eine negative Emotion hast, erschaffst du etwas falsch.

Sobald du ein negatives Gefühl verspürst, korrigiere es in dem Moment, lass es sich nicht aufstauen, sondern töte es, wenn es noch klein ist. Ersetze die negative Emotion durch eine positive, indem du an deine Ziele denkst, deine Affirmationen wiederholst und an alles denkst, wofür du dankbar bist. Dann bist du wieder auf dem richtigen Weg.

Neben der Überwachung deiner negativen Gedanken solltest du bewusst positive Gefühle und Emotionen erzeugen. Der beste Weg, dies zu tun, besteht darin, den Zustand des Seins beizubehalten, d. h. zu fühlen, dass deine Wünsche bereits in Erfüllung gegangen sind, dass du bereits im Besitz davon bist. Dies ist der schnellste Weg, um deine Sehnsüchte in die Realität umzusetzen.

5.: Verbinde dich durch tägliche Meditation mit deinem höheren Selbst.

Dein höheres Selbst ist Teil der ultimativen schöpferischen Intelligenz, es weiß, wie du deine Wünsche in die Realität umsetzen kannst, aber du musst ihm die Chance geben, zu dir zu sprechen. Die beste Zeit, um mit Ihrem höheren Selbst zu kommunizieren, ist die Zeit der Meditation. Welche Botschaft du auch immer von deinem höheren Selbst erhältst, handle sofort danach. Das ist die stärkste Hilfe, die du bekommen kannst. Die

Menschen machen immer den Fehler, im Außen nach Antworten zu suchen, dabei liegt die wahre Antwort immer in ihnen selbst.

6. deine Aufgaben vor dem Schlafen

Gebe dich jeden Tag vor dem Schlafengehen dem Universum hin, indem du ihm volles Vertrauen schenkst, und lasse das Universum an deinen Wünschen arbeiten, auch wenn du schläfst.

Sprich dieses Gebet, bevor du dich zurückziehst.

„Ich überlasse es dem Universum, sich um alle Einzelheiten zu kümmern und mir das zu bringen, worum ich bitte. Ich bin dankbar für diese kraftvolle Unterstützung. Ich vertraue ihm zu 100 %."

Wenn du diesen 6-Stufigen Manifestationsprozess anwendest, wirst du dir nie wieder Sorgen machen müssen, dass du deine

Wünsche nicht bekommst. Du wirst die Freude der Manifestation erleben.

19. Schlusswort

Das Gesetz der Anziehung ist sehr mächtig, und wie wir in diesem Buch besprochen haben, kann es entweder Gutes oder Schlechtes in dein Leben bringen. Eine sehr wichtige Sache, die man sich über das Gesetz der Anziehung merken sollte, ist, dass es immer wirkt, ob wir es merken oder nicht. Deshalb ist es wichtig, dass wir immer versuchen, dankbar zu sein und uns mit positiven Handlungen, Gedanken und Menschen zu umgeben.

Denke daran, dass die positiven Ergebnisse des Gesetzes der Anziehung nicht sofort sichtbar werden. Du musst Vertrauen, Zeit und Geduld in das Gesetz der Anziehung investieren, aber wenn du es lange genug tust, wirst du für deine Bemühungen belohnt werden. Denke daran, mächtige Werkzeuge wie Meditation und Affirmationen zu benutzen und mit dem Universum zu kommunizieren, und du wirst alles bekommen, was du dir jemals gewünscht hast.

Persönliches an dich als Leser:

Ich hoffe, dieses Buch war eine große Hilfe für dich und hat viele deiner Fragen über das Gesetz der Anziehung beantwortet. Ich hoffe, es hat dir auch geholfen zu verstehen, wie du das Gesetz der Anziehung zu deinem Vorteil nutzen kannst und warum es vielleicht bisher nicht funktioniert hat.

Ich schreibe, um meiner Kenntnisse weiterzugeben. Natürlich in der Hoffnung dir dein Leben leichter und glücklicher zu gestalten.

Ich habe keine Ahnung von Korrektorat oder Lektorat, vom Marketing, Werbung oder was man sonst wissen sollte, um ein Buch zu veröffentlichen. Ich schreibe für meine Leser, deshalb möchte ich mich entschuldigen, wenn du in meinem Buch Rechtschreib- oder Grammatikfehler gefunden hast. Ich bin herrlich unvollkommen aber ich gebe mir sehr viel Mühe, jedes Buch mit sehr viel Mühe und Liebe an dich zu vermitteln.

Ich danke dir für deine Zeit und wünsche dir von Herzen viel Glück!

Bitte nimm dir ein paar Minuten Zeit, das Buch zu bewerten. Es kann anderen Lesern helfen, sich zu entscheiden, und mir wäre es eine große Hilfe und eine riesige Freude. Lieben Dank dafür.

In Liebe Esmiralda

Du findest mehr über mich und meine Arbeit auf meiner Homepage: www.esmiralda-kartenlegen.de

Ich schreibe regelmäßig kleine spirituelle Artikel auf meinem Blog: https://esmiralda.home.blog

Vielleicht „elsen" wir uns bald einmal wieder. Ich würde mich sehr freuen.